直撃インタビュー

The INTERVIEW

大川隆法総裁、宏洋《ひろし》問題に答える

幸福の科学総合本部 編

はじめに

現在、大川隆法《おおかわりゅうほう》総裁の長男・宏洋《ひろし》氏が、動画共有サイトYouTube《ユーチューブ》や、保守系のオピニオン誌「月刊WiLL《ウィル》」等の誌上で、幸福の科学と大川隆法総裁に対する虚《きょ》偽《ぎ》による誹謗《ひぼう》中傷《ちゅうしょう》を繰《く》り返している。YouTube上のその姿は、目をむいて奇声《きせい》を発したり、カメラにお尻《しり》を向けて下品な言葉を言ったりと、とてもまともな人間のやることとは思えない。その動画は、YouTubeの利用規約にも明らかに反し、YouTubeから三度もアカウントを削除《さくじょ》され、一部の動画は十八歳《さい》未満には見られないように視聴《しちょう》制限が設《もう》けられている。

それに対して、幸福の科学とグループのプロダクションは、十七通に及《およ》ぶ警告書や抗議書《こうぎしょ》を本人に送付し、虚偽による誹謗中傷をやめるよう通達し続けてきた。しかし、宏洋氏は一向にやめることなく、エスカレートする一方だったため、本年六月二十五日付で幸福の科学を懲戒免職《ちょうかいめんしょく》になり、名誉毀損《めいよきそん》で二千万円の損害賠償《ばいしょう》を求める裁判を東京地裁に起こされている。

何が宏洋氏をそうさせているのか。その背景に何があるのか。それを解き明かすのが本書の目的である。

昨年八月から YouTube 上で活動を開始した彼が、週刊誌上で初めて幸福の科学に対する誹謗中傷を行《おこな》ったのは、今年二月のことである。二月二十一日発売の「週刊文春」に、「大川隆法長男 独白6時間『清水富美加《しみずふみか》との〝結婚《けっこん》強制〟』」と題した、虚偽による誹謗中傷記事が掲載《けいさい》された。その内容は、父親から清水富美加氏（法《ほう》名《みょう》・千眼美子《せんげんよしこ》氏）との結婚を強制されたとか、東大合格を義務づけられたとか、父の目的は日本のトランプになることだとか、事実と違《ちが》うことばかりの羅列《られつ》である。法律的にも名誉毀損に当たるが、宗教的にも、極《きわ》めて卑劣《ひれつ》な捏造《ねつぞう》と中傷によって、信仰《しんこう》の対象である大川隆法総裁を誹謗し、全世界の信者の心を傷つける大きな罪だと言わざるをえない。

その発売当日に、大川隆法総裁、大川咲也加《さやか》副理事長を中心に、宏洋氏を幼いころから見てきた秘書部門の責任者や、宏洋氏の目茶苦茶《めちゃくちゃ》な仕事ぶりを間近に見てきた芸能プロダクションの社長が、その悪質な嘘《うそ》を打ち砕《くだ》き、真実を明らかにしたのが、この『直撃《ちょくげき》インタビュー　大川隆法総裁、宏洋問題に答える』である。

この文章を書いている広報局の私（喜島）も、四歳のころと小学生のころの宏洋氏の教育担当だったため、宏洋氏の人となりやご家庭内の様子はよく知っている。

四歳のころは見た目もかわいく、毎日何十冊もの絵本を読み、天才ではないかと思われていた面はあるが、幼児教育の塾《じゅく》では友達と一緒《いっしょ》に共同作業をするのが苦手《にがて》で、塾の先生に「大きな紙にみんなで街の絵を描《か》きましょう」と言われても、他の友達が二、三人で建物や駅の絵を相談しながら手分けして描いていくのに一切《いっさい》参加せず、一人で自分の好きな絵を別の場所に描いているような子だった。そのころから自分の世界に没入《ぼつにゅう》し、他人《ひと》の言うことはきかない傾向《けいこう》があった。

小学校低学年のころは、想像力が豊かで霊的《れいてき》なので、空想と現実の境目を超《こ》えたような話をすることもあった。ディズニーランドにお出かけをした帰りの車中で、首都高の上に広がる美しい夕焼けを見ながら、あれは神様が空にオレンジジュースをこぼしちゃったんだよ、それで空があんなにオレンジなんだ、と一緒に話したこともある。そのような豊かな想像力がいい方向に行けば小説家にでもなれたかもしれないが、現在は悪い方向に行き、妄想《もうそう》と現実との区別がつかなくなって、妄想を現実と信じ込《こ》んで周りに吹聴《ふいちょう》しているかのように見える。

高学年になると、勉強が嫌《きら》いで、家庭教師の時間に「トイレ」と言ったまま二十分も出てこないことがしばしばあった。勉強部屋に入ってもそわそわして、なかなか椅子《いす》に座《すわ》ろうとしなかった。一時間のうち、三分の一も勉強させるのに苦しんでいたのが家庭教師たちの悩《なや》みだった。当然成績は落ちる一方。そんな宏洋氏を、実母のきょう子氏が烈火《れっか》の如《ごと》く怒《おこ》り、総裁はいつも大きな愛で見守ってこられた、というのがお側《そば》近くで見てきた私の正直な実感である。

そんな彼が大人になって、いったいどうしたらここまで嘘を並べ立てて、父である大川総裁の悪口を言えるのかとあきれるくらい、彼の言っていることは事実に反するデタラメである。

さて、本書は二月に行ったインタビューを基《もと》に加筆したものではあるが、その内容は、半年たった今でも十分に通用する。なぜなら、宏洋氏は基本的に昔話の同じ嘘のネタを繰り返しているだけだからだ。六月、七月には「月刊 WiLL」誌上でも宏洋氏の対談記事を掲載したが、言っていることはいまだにありもしない〝強制結婚〟や、受験勉強の押《お》しつけのせいで自分の人生が狂《くる》ったなど、とても三十歳を過ぎた大人の言うこととは思えない、人生の失敗をすべて他人のせい環境《かんきょう》のせいにするような言い訳ばかりである。

YouTube 上の動画のコメントでも「いいかげん飽《あ》きた」「幸福の科学の話はいいから、もっと自分の将来に向けての話をしてほしい」という趣旨《しゅし》のメッセージを、〝フォロワー〟からさえ言われる始末。つまり宏洋氏のやっていることは、ネット上ですでに「オワコン（終わったコンテンツ）」なのだ。一部マスコミが彼を持ち上げたあと突《つ》き落とし、往復二回「メシのタネ」にして捨て去ろうとしていることにすら、気がついていないだろう。

宏洋氏がこのような状態になった原因は、そのあまりにも肥大化した自我・自己愛と、周りへの感謝や自己反省ができない性格による。自身の非行は棚《たな》に上げて、ニュースター・プロダクション社長を解任されたこと等に対し、筋《すじ》違いの恨《うら》みを嘘で塗《ぬ》り固めてマスコミ相手に吐《は》き出しているだけだ。しかし、その所業は文字どおり天に唾《つば》するものであり、イエスを裏切ったユダや、釈尊《しゃくそん》を陥《おとしい》れようとしたダイバダッタの所業そのものである。

その修正には、正しい「信仰」を持って、心の底から「反省」し、謙虚《けんきょ》に「教学」と「精進《しょうじん》」を重ねるしかない、と大川隆法総裁は教えてくださっている。

しかし、残念ながら、現在の宏洋氏には信仰なく、名誉欲・金銭欲・性欲のこの世的欲望の充足《じゅうそく》にしか興味がないように見える。それは宗教者以前に、人間としてどうなのか。世の多くの人々に、公正な判断の材料を提供するために、ここに宏洋氏の真実の姿を問うものである。

二〇一九年　七月二十九日

幸福の科学 総合本部 常務理事　広報担当

喜島克明《きじまかつあき》

直撃インタビュー　大川隆法総裁、宏洋問題に答える　目次

直撃《ちょくげき》インタビュー　大川隆法総裁、宏洋《ひろし》問題に答える

二〇一九年二月二十一日　収録
東京都・幸福の科学総合本部にて

1　結婚《けっこん》強制は事実ではなく、「宏洋氏の妄想《もうそう》」　23

6 本当は「後継者」になりたかった宏洋氏 160

7 宏洋氏の性格と行動に見る〝金正恩《キムジョンウン》性〟

直撃《ちょくげき》インタビュー 大川隆法総裁、宏洋《ひろし》問題に答える

二〇一九年二月二十一日　収録

東京都・幸福の科学総合本部にて

回答者

大川隆法《おおかわりゅうほう》（幸福の科学グループ創始者 兼《けん》 総裁）

大川咲也加《おおかわさやか》（幸福の科学副理事長 兼 宗務《しゅうむ》本部総裁室長）

酒井太守《さかいたいしゅ》（幸福の科学宗務本部担当理事長特別補佐《ほさ》）

大田薫《おおたかおる》（幸福の科学常務理事 兼 メディア文化事業局長
兼 ニュースター・プロダクション〔株〕社長）

質問者 ※質問順

里村英一《さとむらえいいち》（幸福の科学専務理事〔広報・マーケティング企画《きかく》担当〕兼 HSU講師）

佐藤悠人《さとうゆうじん》（幸福の科学広報局法務室長 兼 HSU講師）

水谷共宏《みずたにともひろ》（幸福の科学広報局法務室担当部長）

高間智生《たかまともお》（幸福の科学広報局部長）

竜の口法子《たつのくちのりこ》（幸福の科学学園宗教教育担当常務理事）

［役職は収録時点のもの］

1　結婚《けっこん》強制は事実ではなく、「宏洋《ひろし》氏の妄想《もうそう》」

「週刊文春」の記事は明確な「信義則違反《いはん》」

大田　初めに、経緯《けいい》について、少しお話しさせていただきます。

すでにご承知のように、本日発売の「週刊文春」（二〇一九年二月二十八日号）におきまして、「大川隆法長男 独白6時間」ということで、記事が掲載《けいさい》されております。

テーマは、「清水富美加《しみずふみか》（法名《ほうみょう》・千眼美子《せんげんよしこ》）との〝結婚《けっこん》強制〟」ということで、まったく事実無根のことに関して、宏洋氏が一方的にインタビューに答え、間違《まちが》った内容を流しているという状況《じょうきょう》です。

また、宏洋氏は、「YouTube《ユーチューブ》」等、ネット上でもさまざまな発信をしております。

そこで、本日は、大川隆法総裁、ならびに大川咲也加副理事長のご臨席の下《もと》、「宏洋問題に関するQ&A」ということで、この記事の間違った点を斬《き》っていく機会を賜《たまわ》りました。

何卒《なにとぞ》、よろしくお願いいたします。

司会　それでは、質疑応答に入らせていただきます。

里村　このたびは、「週刊文春」の記事に関しまして、まず、大川隆法総裁にお伺《うかが》いいたします。

今回、「週刊文春」が、「宏洋氏に対して、千眼美子さんとの結婚を強制した」というかたちで報じましたが、この取材の過程において、幸福の科学側からは、「そういう事実はない」と、明確に否定したにもかかわらず、いちおうこちらのコメントを使ってはいるものの、タイトル等に、「結婚強制」などという言葉を使って、非常に強制的なものを印象づけました。

この「結婚強制」について、大川総裁は、どのようにご覧になっておられるのか、この点をお伺いさせていただきたいと思います。よろしくお願いいたします。

大川隆法　はい。「週刊文春」は、一年ぐらい前に、「（二人が）結婚するかも」というような報道をしていますので、「自《みずか》らの誤報のところをごまかしたい」という気持ちもあったのだろうと思います。それと、宏洋のほうの、「自分の満たされない部分について、ちょっと不満をぶちまけたい気持ち」等が呼応してできたのが、今回の記事ではないかと思います。

ただ、宣伝等を見ますと、それだけを取り出して広告しているようですが、新聞広告ではありますので、これは明確な「信義則違反《いはん》」だと思っております。

論理的には、これを言ってもいいのは、千眼美子さんのほうです。「（宏洋氏のほうが）千眼美子さんに結婚を強要した」と言うのなら、これはちょっと問題であり、社会問題でしょう。彼女には申し訳ないことなので、十分な理解がなければいけないことですが、「宏洋が（結婚を）強要された」というのは、まったく成り立たない議論であり、「どうして、そんなことをしなければいけないのかが分からない」ということになります。

これは、明日《あした》（二〇一九年二月二十二日）から公開の映画「僕《ぼく》の彼女は魔法使《まほうつか》い」（製作総指揮・原案 大川隆法）の公開前日を狙《ねら》った、「文春」の目的と、宏洋の同じく映画公開に向けての嫉妬《しっと》もあって、両者の利害が一緒《いっしょ》になってぶつけてきた記事なのではないかと思います。

そのあたりの嫉妬は感じていると思います。少し不思議なのですが、男女の性が別でも、そうしたものを感じるらしいのです。自分が関心を持っていることに対する嫉妬というのはあるようです。「本来なら、梅《うめ》ちゃん（梅崎快人《うめさきかいと》）の代わりに自分が映画に出演して、千眼美子と抱《だ》き合ったりキスしたりしていたはずだ。それなのに、こんなことになって……」ということに対する鬱憤《うっぷん》はあるだろうと思います。

これは、「自分の役者としての演技能力等の評価が、ほかの人とだいぶ違っていることを理解していない」というところに、問題が一つあるのですが、これについては、別途、話があるかもしれません。

千眼《せんげん》さんに結婚《けっこん》されたら困る状態だった

大川隆法　それから、「結婚《けっこん》の強要があったか」といえば、そういうことはまったくありません。少なくとも、千眼《せんげん》さんが幸福の科学に来てから、「これで映画をだいぶ製作できる」ということで、現在、十数作もの映画の準備がすでにできている状態ですので、もし、「結婚する」といきなり言われたら、こちらが狼狽《ろうばい》して大変なことになる状態なので、即《そく》、そんなことを勧《すす》められるような状態にはありませんし、大ダメージです。

一方、宏洋氏のほうが結婚なされる分には全然問題はないので、どなたとでも、どうぞ好きになされたらよく、こちらは別に、一向に困らない状況です。

彼が出演している映画の撮影《さつえい》中とかでしたら、ちょっと困ったかもしれませんが、それ以外については困らないような状況でした。

あとは、ありえるとしたら、彼にマネージャー能力でもあれば、そういう道もありえたかもしれませんが、それもないですからね。役者として、三十歳《さい》近くになってからプロになろうとしたけれども、普通《ふつう》は十代からやっているので、そうとう出《で》遅《おく》れています。しかし、彼はプライドがあるので、このあたりを誤解しているところはあるのではないかと思います。

それと、本人が言っていますが、一昨年《おととし》（二〇一七年）かな？ 何か、私と会ったとか言っていましたが……。

里村 一昨年の十一月十八日ですね。唯一《ゆいいつ》、この記事のなかで明確に日付を出して言っております。

大川隆法　私は、映画「さらば青春、されど青春。」（製作総指揮・原案 大川隆法／二〇一八年公開）の製作総指揮者でしたが、撮影に立ち会わなかったので、試写があるまでその内容が分からなかったのです。それで、現場からの声がいろいろ聞こえてきたので、ちょっと心配にはなっていて、「一回、ご飯《はん》を食べに来ないか」と言って、お二人を呼んで話を聴《き》いたわけです。

そのときに、確かに、「僕の結婚プロジェクトみたいなものがあるんですか」というようなことを宏洋がのたまったことはあったとは思いますが、「まったくない」と答えたことは覚えています。それは、千眼さんも聞いていたはずです。私が「まったく、そういうものはありません」と言ったら、千眼さんは、「よかった！」と、その場で答えていました。

里村　（笑）

大川隆法　その場で、「ああ、よかった」と答えていたので、この記事がまったくの嘘《うそ》だということは、もう確実ですね。

里村　はい。

大川隆法　ですから、（記事のなかで）こういうふうに言っているのは、「男として、『はっきりと振《ふ》ってやったんだ』と言いたかった」ということでしょうね。

里村　そうしますと、記事には、宏洋氏が「千眼さんとの結婚をきっぱりと断《ことわ》ったら、父は怒《いか》り狂《くる》いました」ということが書かれていますが……。

大川隆法　あるわけないです（笑）。

里村　まったく「真逆」ということですね。

大川隆法　まったくありえないです。彼は、その当時、ほかの女の子を〝強制的に〟追いかけていて、そちらが問題になっていたんです。その「強制」は問題でした。そのように、宏洋が結婚を強要していた女性はほかにいて、その問題でこちらは頭が痛かったのです。
だから、こちらのほうは、（千眼さんとの結婚を）強要する気持ちはまったくなかったので、ありえないと思います。

里村　はい。

宏洋氏には〝憎《にく》まれる才能〟がある

大川隆法　ただ、その後、いろいろな話を聞くと、（宏洋は）評判が悪くて、「役者としては、才能がない」とまで監督《かんとく》から言われ、まあ、そこまで言われると……。私のほうも、「二、三割ぐらいはあると言ってくれてもいいかな」と思っていたのですが、「ゼロ」と言われたら、さすがにちょっとショックでした。

彼を起用したことには私の責任もあります。彼が出演した一作目の「君のまなざし」（製作総指揮・原案 大川隆法／二〇一七年公開）では、脇役《わきやく》で出してみましたが、彼も、その次は主役を取る計算があったとは思います。

それで、監督が嫌《いや》がっていたのを、「いちおう、顔は私に半分ぐらい似ているかもしれないから、それらしく見えるかもしれない」と言ってお願いして、（映画「さらば青春、されど青春。」で）彼に主役をやらせてもらったのですが、現場の評判はすごく悪くて、また、「才能がない」とまで言われたので、ちょっと私もショックでした。

あと、一緒に仕事をしている人たちの、すごく否定的なニュアンスというか、すごく冷めていて、みんな冷たかったですね。だから、「もう擁護《ようご》できるレベルではないな」という感じであり、全員、彼の敵でしたね。

里村　はい。

大川隆法　それだけ〝憎《にく》まれる才能〟があるのは分かりますが、〝憎まれる才能〟がある人は、役者としても、宗教家としても駄目《だめ》ですからね。

また、「三国志《さんごくし》」の演劇（「俺《おれ》と劉備《りゅうび》様と関羽《かんう》兄貴と」）をやりましたが、あれは、私のほうは「駄目だ」と言ったのに彼が強行突破《とっぱ》してやったものです。夜中の三時に（大悟館《たいごかん》に）侵入《しんにゅう》して、各階に自分の意見を書いた紙を置いていったりしていました。

ただ、演劇の観客は、合計で延べ二千人ぐらいしか来ないので。二百人ずつ交替《こうたい》で来ても、十数日間やって二千人ぐらいなので、被害《ひがい》は少ないかなと思って、そこは我慢《がまん》したのです。それでも、トラブルが多発したのは覚えていますけどね。

まあ、トータルで見て、能力がなかったということだと思います。

教団の指導者としても能力がなかったが、本人がお好きな芸能界でも、もはや、遅《おそ》すぎたのではないかと思います。いきなり主役などできるわけもないのですが、今から、下から積み上げる気もない。それをするには、ちょっと〝王子様キャラ〟をやりすぎていたということでしょう。

そういうところがあって、すべて出遅れていたということです。

彼は根本《こんぽん》において、真面目《まじめ》に積み上げていく姿勢がないので、やはり、裏道で、コネを使ってスッと上がるような感じに慣れすぎていたのではないかと思います。

千眼美子さんについては、とてもいい人だとは思っていますし、本当に、娘《むすめ》のような気持ちで、私のほうは見ているつもりですが、ただ、この記事のような事実はありません。

里村　はい。ありがとうございます。

「いつか清水富美加《しみずふみか》と共演したい」と言っていた宏洋氏

大川咲也加　追加で、私が見てきた事実をお話しさせていただいてもよろしいでしょうか。

里村　はい。よろしくお願いいたします。

大川咲也加　私自身は、総裁先生と一緒にいさせていただいているなかで、宏洋さんと総裁先生が会話した時期というのは、すべて立ち会っていると思います。

そこで、まず、清水富美加《しみずふみか》さんとの関係について、いちばん私の記憶《きおく》のあるあたりからお話しさせていただきます。

宏洋さんはすでに、清水富美加さんのことをテレビで拝見していまして、実際にお会いする前から、常々、「いつか、清水富美加さんと共演したい」というふうに言っていました。また、「共演して、僕が主演をして、彼女がヒロインをするといった関係になれたらいいな」ということを、本人が、常々、憧《あこが》れのようなかたちで言っていました。

そうしたなかで、実際に、清水富美加さんの守護霊霊言《しゅごれいれいげん》が録《と》られまして、清水富美加さん本人が、東京正心館《しょうしんかん》で、その守護霊霊言を拝聴《はいちょう》されました。そして、その場に宏洋さんが居合わせまして、清水さんに感想を訊《き》きました。

そのときには、清水富美加さんは、「いつか幸福の科学の映画に出てみたいという夢があった。また、最近、事務所において、信条に反した映画出演が続いていて、とても苦しい状況です」ということや、「今の仕事よりも、本当は、当会のほうの仕事でも貢献《こうけん》してみたいという気持ちは、正直あるんです」ということをお話しされました。それを聞いた宏洋さんは、驚《おどろ》き、興奮していました。

ただ、宏洋さんは、そのお話を伺ったあと、自分ではどうしていいか分からず、その日、総裁先生のところに清水さんを連れていくことに決めました。その流れで、その日、

●清水富美加さんの守護霊霊言……『女優・清水富美加の可能性』(幸福の科学出版刊)参照。

急に、清水富美加さんが大悟館にやって来ました。これは、宏洋さん一人では、清水さんの今後についてどうしたらいいか分からないので、「総裁先生に意見を訊きたい」ということで、清水さんと、清水さんのお父様もご一緒に、総裁先生と会う機会をつくらせていただいたのです。

そのときは、清水さんは、「仕事も続けながら、それでも、当会の映画に出るチャンスがあればいいな」というようにお話しされていたのですけれども、実際に苦しい仕事が続いていて、その後、何回かお話ししていくなかで、「死にたいと思うようなときもあった」という発言もされていたと記憶しています。

そういった清水さんに対して、総裁先生は、「そんなに苦しい仕事であるならば、無理してしなくてもいいんだよ」というように優《やさ》しいアドバイスをされたことはありますが、そのときも、「仕事を辞《や》めろ」と強要した事実はありませんし、ましてや、清水さんが苦しんでいるなかで、宏洋さんとの結婚を強要したということは、まったくございません。むしろ、清水さんに生命の危機があった段階だったので、そんな話をする余裕《よゆう》は、正直、こちらもございませんでした。

ただ、宏洋さんは、清水さんにお会いする前から、映画やテレビで拝見していて、彼女に対して憧れのようなものを持っていたので、宏洋さんのなかには、「もし、本当に、当会の映画に出てくれるのならば、もし、本当に、自分と共演する機会があるのであれば、もしかしたら、あわよくば、いい感じになれるのではないか」という淡《あわ》い期待は持っていたのではないかと、私は思っています。

また、宏洋さんは、自分が清水さんを総裁先生に引き合わせたにもかかわらず、清水さん自身が、「今の事務所の仕事よりも、当会での信仰《しんこう》を深めるほうに魅力《みりょく》を感じている」という発言をしたことに対し、驚き、逃《に》げ腰《ごし》になってしまいました。

「もし、清水さんが事務所での仕事をせずに、当会に来るようなことがあれば、自分が出演していた『君のまなざし』が映画館でかからなくなってしまう。それはやめてほしい」と、泣きながら言っていました。そのように、自分が助演の映画がかからなくなる可能性があるので怖《こわ》いということで、総裁先生に泣き言を言い、

「清水さんが出家《しゅっけ》するなんて、そんなことはやめてくれ」などと言っていたのです。

　このような発言から分かるように、まさに、清水さんが心身共にすごく苦しんでいた状況にもかかわらず、宏洋さんは、「決められた仕事を遂行《すいこう》しろ」と、清水さん自身を追い込《こ》むような発言をしていました。そういった発言を、総裁先生はよしとはされていなかったのですけれども、清水さん本人のご意向が、「出家して、心身共に療養《りょうよう》し、また、当会の映画に出たい」ということであったので、それを、こちらとしても受け入れさせていただいたというのが真実です。

「振《ふ》られた」と勘違《かんちが》いして逆上した宏洋氏

大川咲也加　また、清水さんとの関係ですが、最初に接触してから後《のち》、出家されて以降は、清水さんは、当会の信者さんとも交流を持たれるようになりまして、清水さんと宏洋さんの共通の知人のお宅でお食事をされるようにもなりました。
　これは、千眼美子さんとしてすでに活動されていたときのことですが、あるとき、その共通の知人のお宅で、千眼さんと食事会を開くことになり、宏洋さんも一緒にご飯を食べました。

そのときには、宏洋さんはすでに、千眼さんに対する興味はあったのだと思いますけれども、やたらと馴《な》れ馴れしく、千眼さんと仲良くなろうと接触を図《はか》り、それに対して、千眼さんは少し嫌悪《けんお》感を抱《いだ》いたのではないかと思います。

事実、宏洋さんが、何度も千眼さんに対して交流を図ろうとする態度を取ったり、また、千眼さんの前で、総裁先生の悪口を何度も言ったりするようになっていたと伺っています。息子《むすこ》であるという甘《あま》えもあり、「うちの総裁は、本当はこういうところがあるんだ」とか、宏洋さんがけっこう総裁先生の悪口を言うところに対して、千眼さんはたいへん嫌悪感を感じていましたし、また、馴れ馴れしい態度にもすごく嫌悪感を感じていたこともあり、あるとき、「宏洋さんって、高畑裕太《たかはたゆうた》に、ちょっと似ています」ということを、宏洋さんが千眼さんに直接言われたと聞いていま す。

高畑裕太さんというのは、以前、事件●で問題になった方ではあるんですけれども、千眼さんは、もともと、馴れ馴れしい態度の方が苦手《にがて》ということで、そういう態度で来る宏洋さんに対して、諫《いさ》めるかたちでおっしゃったわけです。ところが、それを「振《ふ》られた」と勘違《かんちが》いした宏洋さんが逆上しまして、そのときから、千眼さんに対してさらに嫉妬するというか、自分が振られたということで、余計、千眼さんを目の敵《かたき》にするようになりました。

「高畑裕太さんに似ている」と言われたあとから、腹いせのように、ニュースター・プロダクションのほかの女性に求愛行動をし、手を出して、千眼さんへの見せつけのように、「自分には彼女がいるんだ。おまえなんか目にも入っていないんだ」といった態度を取るようになっていきました。

自《みず》らの霊言《れいげん》を根拠《こんきょ》にして千眼美子《せんげんよしこ》さんとの結婚《けっこん》を主張した宏洋氏

大川咲也加　また、宏洋さん自身が霊能者なので、総裁先生の前で霊言《れいげん》をしていた

●事件　2016年8月23日、俳優の高畑裕太氏は、宿泊していたホテルの女性従業員を暴行した等の容疑で逮捕された。その後、被害者側との示談が成立し、不起訴処分となった。2015年に放送されたNHK連続テレビ小説「まれ」では、清水富美加氏（法名・千眼美子）と共演している。

こともあるのですが、先ほどの事件に前後して、霊言のかたちで、清水さんについて話したときがございました。

それは二〇一七年の一月二十五日であったと記憶しているのですけれども、宏洋さん自身が霊言を行いまして、そのときに、「先日会った方、つまり、清水富美加さんを結婚相手として考えている」というような内容の霊言を、自身の口から言いました。そういった内容を、自分が行《おこな》った霊言で話したあとに、本人の口からも、「ああ、そうなんだ、僕、納得《なっとく》した」「たぶん、彼女とならば幸せな家庭を築けると、僕も思う」と言って喜び、帰っていきました。

その後、当会のスタッフのほうから、「本当に清水さんでいいと思っているんですか?」と本人に訊いたところ、「僕は、もちろん、そうです」「清水富美加さんのフォローをよろしくお願いします」といった発言もしたということです。

そういった、ご自身が自分の声で霊言を録った際の発言というものも、いちおう記録として残っているので、これも公開させていただこうかという話をしています

（注。その後、幸福の科学公式ホームページにて、本霊言の音声を公開している）。

そのように、「清水さんとの結婚《けっこん》の可能性がある」ということを、自分が霊言のかたちで話したにもかかわらず、宏洋さんはすぐ忘れてしまうので、それを、「総裁先生から言われた」と勘違いしているわけです。二〇一七年の一月末に、自分が霊言のかたちで、「清水さんと結婚してもいい。それを考えている。そういう未来もありえる」という発言をしたにもかかわらず、「その日に総裁先生に言われた」という認識になっています。

「二〇一七年十一月十八日に、実際に起きていたこと」とは

大川咲也加　また、先ほど総裁先生がおっしゃったように、映画「さらば青春、されど青春。」のクランクアップ後、総裁先生は、「主演とヒロインという関係で意見を訊きたい」ということで、お二人を大悟館のほうにお呼びになりました。

そのとき、宏洋さんは、すでに、「自分が（千眼《せんげん》さんとの結婚を自分に勧める）

霊言をした」という事実を忘れており、あろうことか、千眼さんの前で、「(自分と千眼さんの)結婚の話は彼女にしなくていいんですか。今日は、そういう話で呼んだんですよね。僕は、そんなつもりは一切《いっさい》ありませんから」などといった暴言を吐《は》きました。

もっとも、千眼さんは大人の対応をされて、柔《やわ》らかく、ニコニコ受け流してくださっていたのですが、その発言は、彼女に対して非常に失礼だったなと、こちらから見ていても思いました。

そのため、そういった、突《つ》っかかってくる宏洋さんに対して、総裁先生は、「そんな話を、直接、私からしたことはないでしょう? 千眼さんは、いい子だけれども、あなたには、今、彼女がいるので、そういう話はできないよね」と言われました。

それに対して、千眼さんは、「ああ、よかった」とおっしゃっていました。

それで、そのときの決定的な日にちとして、「二〇一七年十一月十八日」と出ているのですけれども、千眼さんと総裁先生がお話しされているなかで、おおむね、千眼さんは、宏洋さんの演技をとてもほめてくださっていました。「宏洋さんは、本当に才能があると思います。まだ伸《の》びしろがあるし、主役としても才能があると思います」というように、本当に、妹としても申し訳なくなるぐらい、宏洋さんをほめてくださっていたんです。

ただ、一点、総裁先生から、宏洋さん演じる中道真一《ちゅうどうしんいち》と、千眼さん演じる額田美子《ぬかたよしこ》の名古屋《なごや》港での別れのシーンで、真一が泣いてしまったところについては、「『監督からは、あそこで泣いてはいけない』と言われていたんだよね」というご指摘《してき》がありました。

なぜなら、「『総裁先生なら、愛する人と別れるときには、涙《なみだ》を流したりせずに独《ひと》り立っていくだろうから、泣いたのはよくなかった』と監督が言っていた」という情報を、総裁先生もご存じだったからです。

そのようなわけで、「あの涙はよくなかったよね」というように、千眼さんに言ったところ、千眼さんは、「そうですね。あれは少しやりすぎたかもしれませんね」

とおっしゃいました。

それに対して、宏洋さんは逆上して、「あれほど、現場で、『宏洋さんの演技はよかった。あの涙もよかった』と言ってくれていたにもかかわらず、総裁先生の前で僕の演技を批判した」と言って、すごく怒り、千眼さんがお帰りになったあとに、「あの女は、クソ女だ。信用できない」と言っていました。ごめんなさい、千眼さん。

宏洋さんには、そのような暴言もあったんです。

また、千眼さんが、「あの涙はやりすぎでしたね」と一言《ひとこと》、言った直後から、「僕の彼女は、すごく素敵《すてき》な人なんだ」と、やたらと、当時の自分の彼女の自慢をし始めました。そして、「僕の今の彼女とは、本当に結婚したいと思ってるんだ」という話を、なぜか千眼さんにし始めたんです。

もっとも、千眼さんは優しいので、「そうなんですか。よかったですね」というように聞いていていました。

ただ、総裁先生は、そのとき、宏洋さんが付き合っていた方が所属タレントだったため、「社長とタレント」というかたちで交際すること自体、快く思われていませんでした。そのため、「いきなり結婚というのは、考えを改めたほうがいいんじゃないか。少し冷静になりなさい」というように、お咎《とが》めになりました。

ですから、むしろ、その日は、宏洋さんが「別の女性と結婚させろ」と言っていたことに関して、総裁先生がなだめられた日だったんです。

ところが、それに対して、宏洋さんの記憶では、なぜか、「千眼さんと結婚を強要され、自分が断った日」となっていて、そのように「週刊文春」の記事のなかで話しているんです。しかし、実際は、「ほかの女性と結婚したい」と総裁先生に直《じき》訴《そ》して、たしなめられた日だったわけです。

したがいまして、その日に、総裁先生が「千眼さんとの結婚を促《うなが》した」という事実はありませんし、むしろ、こちらとしては、「なぜ、千眼さんの目の前で、ずっと自分の彼女の自慢をしているんだろう」というような状況だったんです。

そのようなわけで、こちらとしても、まったく思い当たる節《ふし》はございませんし、こういった記事が出てしまったことに関して、千眼さんには、「本当に申し訳ない。失礼な兄の不祥事《ふしょうじ》をお詫《わ》びしたい」と思っております。申し訳ありませんでした。

里村　非常に明確に、時系列に沿って教えていただきまして、本当にありがとうございました。

私からは、重要な点なので、一点だけ、簡単に確認させていただきます。

要するに、今の咲也加副理事長のお話をトータルで考えますと、「千眼さんを含《ふく》めた結婚の話」というのは、総裁先生のお口だとか、ほかの方の口とかからではなくて、まず、宏洋さん自身の口から出たということですね？

大川咲也加　はい。そうです。

「総裁の霊言《れいげん》」と「弟子《でし》のチャネラーの霊言」との違《ちが》い

大川咲也加　ちなみに、宏洋さん自身は話していませんが、「ご自身が、霊能者《れいのうしゃ》で霊道《れいどう》を開いている」ということだったので、その当時は、「自分で霊言《れいげん》ができる」というスタンスで、自分でも霊言をされていました。

もっとも、その霊言の質は定かではありません。これは私の考えなのですが、そもそも、宏洋さんには、千眼さんに対して、憧れの気持ちがありましたし、実際に会って接触できて、とても気持ちが盛り上がっていたのだと思います。そのため、宏洋さんの、「彼女は、これから当会に来るんだ。あわよくば、彼女と……」という思いが霊言に出てしまい、「彼女との未来も考えている」という発言が出たのではないかと理解しております。

里村　なるほど。

大川咲也加　また、霊言に関して申し上げますと、「総裁先生の霊言」と、「弟子《でし》のチャネラーの霊言」というのは違《ちが》いまして、弟子のチャネラーによる霊言のほうには、自分の自我や思い込み、刷り込みが入ることもございますので、霊言というのは本当に難しいものだと思います。

そのため、宏洋さんのような、勉強もしておらず、思い込みが激しいタイプであると、その思い込みが、さも事実であるかのように霊言に出てしまったりすることもございます。

また、「総裁先生は霊言をする前に、たくさん、それに関する書籍《しょせき》を読んだり、情報を集めたりしている」というようなことを記事のなかで言っています。

しかし、それは、視聴者のみなさんというか、信者のみなさんに正しい情報を伝える上でも、最低限、大事なことですし、事前解説で、総裁先生が、その霊人《れいじん》の人となりをお話しすることもございますので、そのためです。

また、霊言というのは、総裁先生の言語中枢《ちゅうすう》を通じてするものなので、霊人が話しやすいように、「その霊人が、どういう人生を送ってきたのか」等のことを、情報として総裁先生にお上げするのは当たり前のことだと思います。

里村　はい。

大川咲也加　例えば、「もともと、生前に英語で話していた霊人が日本語で話す」というのも、その思いを汲《く》み取った総裁先生が、ご自分の言語中枢を使って、日本語に変換《へんかん》してあげているだけなんですね。

　したがって、「そういった総裁先生の知的訓練があってこその霊言である」ということを、もう一度、ご理解いただけたらいいなと思っております。

里村　はい、ありがとうございます。

2　宏洋氏の基本的な「思考スタイル」とは

宏洋氏は「仕事よりも女性を取る」

酒井　では、私からもよろしいですか。

里村　はい、お願いいたします。

酒井　宏洋さんの結婚《けっこん》のところについてですが、まず、彼の基本的な思考スタイルを、みなさん知っておいたほうがいいと思うんです。

彼は、基本的に、「仕事よりも女性」なんですね。したがって、「女性と付き合う」とか、「女性と結婚する」といった観点から、あらゆる行動を起こす方なんです。

そのため、咲也加さんから説明があったように、千眼《せんげん》さんから、「高畑裕太《たかはたゆうた》に似ている」と言われたら、すぐに彼は、「彼女から振《ふ》られた」と理解したわけです。

里村　はい。

酒井　そして、そのときから、「(映画『さらば青春、されど青春。』の）額田美子《ぬかたよしこ》役を、彼が好んでいるNSP（ニュースター・プロダクション）のタレントに替《か》える」と言い始めたんですね。言ってみれば、「失恋《しつれん》したので次を見つける」という行動に出たわけです。

なぜ、「結婚《けっこん》を強制された」という空想話が出来上がったのか

酒井　また、そこから一つ、大きな問題が発生したんですけれども、「三国志《さんごくし》」の

舞台《ぶたい》（「俺《おれ》と劉備《りゅうび》様と関羽《かんう》兄貴と」）の前に、〝駆《か》け落ち〟に近い事件がありました。その〝駆け落ち〟の相手というのは、宏洋さんが「この方に替えたい」と言った方と同じ方ですが、その女性と〝駆け落ち〟に近い交際を始めました。

そして、急に、「千眼さんと私は、総裁先生から強制結婚《けっこん》を迫《せま》られた」と言い始めました。

里村　ほお。

酒井　そこから、この話が出来上がったんです。彼の記憶《きおく》というのは、急にすり替わることがあって、まったく別のものになります。そのときから、「千眼さんとの結婚を強制されたという〝事実〟」が、彼の頭のなか、空想のなかに出来上がっていったわけです。

里村　なるほど。

酒井　ですから、それまでは、そういった話は誰《だれ》も聞いたことがなかったんです。「政略結婚《けっこん》」でもいいから、結婚したかった芸能人もいた

酒井　さらに言いますと、二〇一七年の夏に、当会の信者さんで、芸能人の女性の守護霊《しゅごれい》が言いたいことがあるというので、守護霊霊言を収録したことがありました。

その霊言が出たあと、数カ月後だったかもしれませんが、宏洋さんの当時のマネージャーが言うには、宏洋さんは、「その芸能人と、政略結婚《けっこん》でもいいから結婚したい」と言い始めたそうなんです。

里村　はあ。

酒井　「政略結婚でもいいから結婚したい」と、宏洋さんは言い出しました。そういった事実からも、彼の持っている傾向性《けいこう》は分かります。これが、彼の背後にある思考パターンです。

里村　はい。なるほど。非常に具体的なお話を頂き、ありがとうございました。

時系列的に見ても不可能な結婚の強要

大田　今、非常に詳細《しょうさい》にお話しいただきましたので、私のほうからは、より正確を期すために、日付を特定して少しお話ししたいと思います。

まず、「女優・清水富美加《しみずふみか》の可能性」という霊言を公開収録したのが「二〇一七年一月十七日」でした。

その霊言が収録されると、すぐに「ご本人に観《み》ていただこう」ということで、宏洋氏がコンタクトを取って、翌週の「一月二十二日」に、本人とお父さんを東京正《しょう》心館《しんかん》にお呼びして、観ていただいたという流れになっています。

ところが、この記事を読むと、初めから、総裁先生が結婚を勧《すす》めたとか、千眼さんも結婚を前提として出家《しゅっけ》したとかいうような記述になっていますが、絶対、そのようなことはありません。

それはなぜかというと、千眼さんは「一月二十二日」に霊言を聴《き》かれて、「一月二十四日」にはもうすでに出家が決まっており、先ほどもありましたように、宏洋氏が霊言を行《おこな》って、結婚を口走るようになったのが、その翌日の「一月二十五日」だからです。

里村　はい。

大田　出家が決まった段階では、当然、総裁先生も千眼さんも全然、結婚の話など、そんなことはご存じないですから、この記事にあるような記載《きさい》はまったくの嘘《うそ》であるというのは、日付からも特定できると思います。

里村　千眼さんが救済を求めて出家したほうが先である、ということですね。

大田　はい、そうです。千眼さんの出家の目的がまったく違《ちが》うのです。

里村　そして、怪《あや》しい結婚云々《うんぬん》の話が出たのは、そのあとであるということですね。

大田　そうなんです。

里村　はい。ありがとうございました。

3 「信仰心《しんこうしん》がなかった」という詭弁《きべん》と「無責任男」の行状

佐藤　本日は、このような機会を頂きまして、ありがとうございます。

今の詳細《しょうさい》なお話を伺《うかが》っていても、やはり、ちょっと疑問に思いますのは、宏洋さんが、「自分は信仰心《しんこうしん》がなかったんだ」ということをかなり強く主張しておられることです。会員番号はお持ちだと思うのですけれども、「入会していないんだ。三《さん》帰誓願《きせいがん》もしていないんだ」と強く主張しています。

ところが、私のほうは、宏洋さんが理事長だったときだと思うのですけれども、かなり光に満ちた信仰に関するお話を、一回だけではなくて何回もされていたという記憶《きおく》がございます。

私は、これについて、最近、直接ご本人にも伺ったことがあったのですが、「いや、そうじゃないんだ。信仰心なんか、最初からないんだ」ということだけを、強く強くおっしゃっていました。

どうして、こういうことになるのでしょうか。このあたりについてお考えがありましたら、伺えれば幸いでございます。よろしくお願いいたします。

修行《しゅぎょう》をしていないため「霊《れい》の区別」がつかない宏洋氏

大川隆法　はい。

まだ、彼自身、「自分が今、何に入られているか」が分からないレベルなのですよ。

霊能者《れいのうしゃ》にも、レベルの差がそうとうあって、自由にコントロールできるレベルと、できないレベルがあるのです。

「来た者（霊）に支配されている場合」と、インスピレーションを受けていても、それが「他の霊的なインスピレーションを受けて、自分がそう思っているのとの区別がつかないレベルにある場合」などがあります。「自分の守護霊《しゅごれい》か、そうでないか」の区別もつかないのが、ほとんどなのです。

ですから、その間、そうとう修行《しゅぎょう》しなければいけなくて、その修行の内容は教学のなかにたくさん書いてあるとおりなのですが、実際にそれを実践《じっせん》しないかぎり、そういったことはできるようにはなりません。普通《ふつう》の人と同じような生活をしていれば、修行が進みませんから分からないのです。

騙《だま》してくる霊がいるので、「教学」、および「一般《いっぱん》教養」を学ぶことも、騙されないようにするためには大事なことなのです。

彼の場合は、根本的に勉強が嫌《きら》いです。そうした、勉強が嫌いで精進《しょうじん》しないタイプなので、「霊的なものを使って、即席《そくせき》でできれば済む」と思っているのだろうけれども、やはり、それでは騙せるのです。

あの世の古い霊人《れいじん》なら、その程度の知性の霊能者であれば簡単に騙せるので、自分の意見のように思わせたり、ほかの人の意見のように思わせたり、インスピレーションのように思わせたり、いろいろできます。そういうことがあります。

それと、「記憶の喪失《そうしつ》」についても、「自分にほかの霊が入っているときに言ったことは〝忘れる〟」ということはあって、これが、いわゆる解離《かいり》性障害などによくあるパターンですね。

自分でコントロールできなくなって、「何かが入ってきて、出ていったら、全部覚えていない」ということもあります。

例えば、殺人事件などでも、自分がやったことを「覚えていない」という人はけっこういますよね。「そのときに、人格が変わっている」ということです。

このあたりについて、責任能力があるかどうかは、法律的に、裁判でも難しい裁判になるところです。「そのとき、本人だったか、本人でなかったか」「刺《さ》したのは誰《だれ》だったか」というようなことが分からなくなることもあるのです。

そういったところは、宗教的な見解が入らないと、すごく分かりにくいところではあろうかと思います。

ほかのきょうだいにも多少出てはいるのですけれども、彼は、「自分に都合《つごう》のよい場合には、自分に信仰があることになって、信仰することを他人《ひと》にも求めるようになる」「自分に都合の悪い場合になると、信仰を否定したりするようになる」というような信仰観を持っているようには思います。

これは、まだ修行が進んでおらず、「自我のところを取り去って、精神統一することができない状況《じょうきょう》であること」を意味しているのです。自分の自我のほうが強いので、ねじ曲がるわけですね。

そういったところがあると思います。

はっきり言えば、「無責任男」

大川隆法　彼は、一度結婚《けっこん》していて、子供もいますが、その前にも別の女性と付き合っていたことがあります。その女性のときは、彼女を横浜アリーナでの私の講演会まで連れてきて、彼が自分で導師《どうし》をして、三帰誓願をさせているのです。

里村　はい。

大川隆法　だから、彼が今「信仰はなかった」と言っても、自分が本部講師として導師をして、彼女に三帰誓願をさせて信者にしたこともあるわけです。それで、結婚できるようにして、付き合いを続けている状況でした。

ただ、次の彼女、つまり、結婚した方ですね、どちらも青学《あおがく》の後輩《こうはい》なのですけれども、次の彼女が出てきて、〝乗り換《か》え〟なければいけなくなったわけです。

それで、元の彼女とディズニーランドでデートをしたあと、まあ、私はよく知りませんが、「足が臭《くさ》い」という理由で、彼女を振《ふ》っています。

これが、彼のよく言う、女性を振るときの言葉なのです。

「なんで足が臭いと分かるの？　冬でブーツを履《は》いているから、そんなことは分からないでしょう？　それはブーツを脱《ぬ》ぐところでしか分からないから、ホテルに行ったのか」と訊《き》いたら、「まあ、そういうことだ」と言っていました。

彼は、「足が臭い」ということを理由にして、三帰させた女性を振って、次の女性のほうへ行ったわけです。

そちらの彼女は信者ではなく、まだ学生で、大学四年生ぐらいだったのを妊娠《にんしん》させてしまって、結婚しなければいけなくなっています。

そのころ、彼は、「建設会社に出向させてくれ」というように〝ごり押《お》し〟をして、教団から給料も出してもらいながら建設会社へ行ったのですが、実は、「外の会社のほうが彼女と結婚しやすいから」というような理由だったと思います。

それと、「建設会社には女性が少ない。男性が九割ぐらいで、女性がすごく少ないので、浮気《うわき》がしにくかろう」という彼女の望む理由もあって、建設会社のほうがよいと言って、そちらに行っていたのです。

ただ、結果は、そこでお酒を飲んだり、ゴルフをしたり、麻雀《マージャン》をやったり、お金を使っていました。二年目でも給料が額面で二十一万円しかなかったので、彼にとっては、とてもではないけれども生活できないレベルだったようで、その後、離婚になっています。離婚話が出るようになってからは、何カ月か生活費を入れなかったこともあると聞いています。

別れる前も、自分の家庭や子供のところもまったく面倒《めんどう》を見ないで、夜中の二時、三時に帰ってきたり、早朝から現場の仕事があるなどと言って、五時起きして出ていってみたりとかいうような感じで、家庭的なことはしていなかったと思います。

酒井　当時、宏洋氏が母のように慕《した》っていた人から聞いた話ですが、宏洋氏は、奥《おく》さんには生活費を切り詰《つ》めるように言っていましたが、自分はブランドものの服を買ったり、数百万円のベンツを買ったりして、独身時代と変わらぬ生活スタイルで暮らしていました。さらには、奥さんには内緒《ないしょ》で、別の女性と関係を持っていたとも聞いています。このころから、宏洋氏は奥さんのことを、片付けができず、家はゴミ屋敷《やしき》で、子供の命も危ない精神異常者だと言い始めました。

ただ、その宏洋氏が慕っていた人が、実際に当時、奥さんにお会いしたところ、「ごく一般的な女性で、精神異常者とはとうてい思えない。家もきれいに片付けていた。宏洋氏から聞いた話とはまったく違《ちが》っていた」ということです。

大川隆法　はっきり言えば、「無責任男」です。言葉に責任が伴《ともな》わない人間だと思います。

ただし、そういったことは、過去いくらでもありました。子供時代から、彼に責任を乗せた場合と、彼に期待を乗せた場合と、この二つは必ず裏切るという傾向《けいこう》があったのです。何も期待せず、何も責任をかけず、もう放任する以外に道がないというところですね。

成長は期待していたのです。小さいころよりは、少しは成長してきているとは思うのですが、ただ、社会常識的に見ると、一般の人たちよりも劣《おと》っている部分はあったかと思います。

当会の人事局に訊いてみないと分かりませんけれども、おそらく採用レベルでいくと、正規職員としては採用されないレベルだったのではないかと思います。大学時代というか、中学・高校時代もそうですが、遊び暮らしていたので、あれでは職員には入れないレベルではなかったかと思います。

だから、（彼が言う）「信仰がない」というレベルを、「職員に入れないレベル」という意味で取るなら、そうだったかもしれません。

他のきょうだいたちが、長男の信仰心について議論したことがあるのですが、「幸福の科学に入ったばかりの、一カ月目ぐらいの会員の信仰心と同じではないか」という意見も、あったことはありました。基本的に、そんなに深くならないタイプの人だということですね。

地方への転勤を嫌《いや》がり、幸福の科学に戻《もど》ってきたのが真相

大川隆法　それから、芸能の仕事については、自分のほうからやりたいと言ってき

たのです。本人は「三年ほど」と言っていますが、建設会社のほうに行っていて、地方転勤の話が来たのです。

しかし、彼は地方転勤が嫌《きら》いで、「渋谷《しぶや》、渋谷」と言っていましたけれども、要するに、「浦和《うらわ》より遠いところには行かない」というようなことを言っていました。地方転勤は普通にあることですが、左遷《させん》のように見えるらしく、嫌《いや》がったのです。

そのころ、当会のほうでは、ハッピー・サイエンス・ユニバーシティ●の未来創造学部をつくったり、映画をつくったりしていたわけですが、彼は、「そのへんで、自分の行き場所があるのではないか」ということを探《さぐ》りに来て、三男あたりに口利《くちき》きをしてもらっていました。そのように、「何か仕事ができないか」という感じで、また戻《もど》ってきたという状態だったのです。

教団を揺《ゆ》さぶっているのは、教団のお金を引き出そうとしているから

大川隆法　本人は、「映画の仕事だけをしに来たのであって、宗教の仕事をしに来

●ハッピー・サイエンス・ユニバーシティ　2015年4月に開学した「日本発の本格私学」。「幸福の探究と新文明の創造」を建学の精神とし、「人間幸福学部」「経営成功学部」「未来産業学部」「未来創造学部」の4学部からなる。千葉県長生村《ちょうせいむら》と東京都江東区にキャンパスがある。

たんじゃない」と言いたいのかもしれないけれども、根本的な問題は、「当会は、会員さんのお布施《ふせ》を使って映画をつくっているので、まったく関係のない、悪魔《あくま》的なものとか、犯罪的なものとか、本当にエンタメ（エンターテインメント）以外の何物でもないようなものはつくれない」ということなんですよ。

それをつくったら、会員から頂いた尊いお布施を流用して、自分の趣味《しゅみ》・嗜好《しこう》のために使ったということになるのです。

ある程度、公共の場で上映する以上、一般の方が来られたとしても、映画として認めていただけるレベルのものはつくらなければいけないでしょう。そういう意味でのエンタメ性はあってもいいけれども、やはり、仏法真理《ぶっぽうしんり》に何らかの関係のあるものをつくらなければいけないというのは当たり前のことです。来られているのは信者の方が多いし、将来、信者になる方も多く来られているので、ここは、譲《ゆず》れないところです。

私は、ここのところは絶対に譲りませんでした。彼が脚本《きゃくほん》を書いてきても、まったくの「地獄《じごく》もの」については、「映画としてはかけられない」ということで、何度か明確に拒否《きょひ》しています。

本人は、「十本も拒否された」とか言っていますが、私は十本も見た覚えがありません。拒否されたというのは、おそらく二、三本ではないかと思いますが、基本的に、「悪霊《あくれい》が入ったまま書いているようなもの」、それから「自分史のようなものを書いている、要するに、自分の人生のようなものを、一生懸命《いっしょうけんめい》、書き込《こ》んでいるもの」が多くて、それは、映画にして上映できるようなものではなかったのです。それなのに、腹を立てて不平不満を言っているわけです。

彼が今、「幸福の科学の外に出て、自分で自由につくりたい」と言っているのは、要するに、「自分の人生についての映画をつくりたい」ということでしょう。それは、おつくりになったらよろしいと思いますが、そのときにお金がなくなってきたら、教団のお金を引き出そうとするつもりで、こうやって揺《ゆ》さぶっているのだと思います。おそらく、そういうことでしょう。

名誉心《めいよしん》が出てきたあたりから、悪霊《あくれい》に入られるようになった

里村　宏洋氏は、以前、いちおう信仰心があるとして、幸福の科学の理事長になったり、幸福の科学グループの芸能プロダクションの社長になったりして、いわゆる禄《ろく》を食《は》んでいる立場だったわけですが、最近、一部の信者さんから、「信仰心がなくて、要するに騙して、われわれのお布施からなるものを自分の懐《ふところ》に入れていたのであれば、彼に対して返金の請求《せいきゅう》をしたい」という声も聞きました。それに対して、総裁はどのようにお考えでしょうか。

大川隆法　まあ、霊道《れいどう》を開いていますので。「大川家のなかに、二十何年いた」ということは、「宗教的環境《かんきょう》にいた」ということだろうとは思います。普通の人は、そういうことはめったにありません。ですから、それはそうなのですが、自分の精進の力が弱いために、地獄的なものの波動《はどう》をはねつけるというか、峻別《しゅんべつ》する力がな

く、しょっちゅう（悪霊《あくれい》に）入られていたわけです。

経験すると分かりますが、霊道を開き、霊がコロッと入れ替《か》わったら、全然別なことを言い出します。「天国的な霊」と「地獄的な霊」とでは全然違うことを言うのです。

そのときに、どちらのほうが長いかで人生が分かれるのですが、最近はどんどん……。

当会に帰ってきて一年ぐらいは、比較的大丈夫《ひかくてきだいじょうぶ》だったのではないかと思います。それが二年目ぐらいから、すなわち、「社長」という肩書《かたが》きに名誉心《めいよしん》を感じて、偽我《ぎが》が強くなってきて、自分で自由にいろいろとやろうとし始めたあたりから、（悪霊が）入ってきて、だいぶ支配され始めたのではないかと思います。

そのため、「自由にやらせろ」「少なくとも芸能部門だけは、自分の傘下《さんか》に置いて全部自由にやらせろ」という感じになってきたわけです。

私のほうは、「ゆっくりと長くやりながら二十年ぐらい修行し、だんだん熟練して、みんなもついてこられて、教団の方針どおりやっていけるようになったら、部分的に任せることは可能かな」とは思っていましたが、「今すぐは無理だな」と考えていました。というのも、映画づくりを勉強したわけではなく、建設会社で本部に少しいたあとは、現場へ行っていただけだからです。それではできるわけがないのです。

社長をやり、脚本《きゃくほん》も書き、主演もやり、独裁体制を築こうとした

大川隆法　演技の修行も全然していないので、できるわけがありません。

しかし、彼は、教団の幹部の気持ちと、会社の社長の気持ちと、「脚本《きゃくほん》を書きたい」という気持ちと、それから、半分監督《かんとく》的な気持ちと、「主演がしたい」「役者がしたい」という気持ちが混在していて、そのなかで、どちらかというと、「役者として目指したい」という気持ちのほうが強かったのではないかと思います。

ただ、監督を含《ふく》めて、みんなは彼に「マネジメントのほうを取れ」と言っていま

したよね。

「マネジメントのほうを取り、教団の重役として映画事業をサポートするなら、いられると思うけれども、役者に下りてくると、監督以下、制作陣《じん》の下になるので、『その人たちの言うことをきいて、やる』というのは、たぶんできない。社長で役者をやるとなると、監督は演技指導ができないし、ほかの人は作品について意見が全然言えない状態になる」というわけです。

要するに、「自分が社長であり、脚本も書き、主演もやる」というのは、もう、「自分の映画しかできない。自分がつくりたい映画が勝手につくれる」という完全独裁体制の状態なんですね。

彼は、このあたりから変質してきたのではないかと思います。

唯一《ゆいいつ》、「私のところで脚本が通らない」ということがネックだったので、「総裁のクビを取るしかない」というようなことを、一年少し前ぐらいから言い始めたわけです。そんなところでしょうか。

俳優として「新人」であり、明らかに「素人《しろうと》」だった

大川隆法　もう一つ、「自分より演技の下手《へた》な人と一緒に映画をつくって、自分がいちばんうまくて指導できるような立場に立ちたかった」というのもあったと思います。

本人の守護霊意見にもありましたが、彼は、本心では「自分はキムタク（木村拓《きむらたく》哉《や》）を指導できるぐらいの立場だ」と思っているようです。

しかし、実態を見たら、観客動員数がずいぶん違うような気がします。キムタクは、何と言うか、やや不良っぽい感じの雰囲気《ふんいき》を出しながら演技をしますけれども、そうは言っても、きちっと詰めるところは詰めていて、観客の心をつかんでいるので、「それは違う」と思うのです。まあ、本人はそう思っているようですが。

ですから、彼は、新人俳優とだけでやりたかったわけです。

なので、千眼美子《せんげんよしこ》さんに来ていただいて、こちらが期待をかけていると、だんだ

●自分はキムタク……『不信仰の家族にはどう対処すべきか』（幸福の科学出版刊）参照。

ん……。そうは言っても十年ぐらいのキャリアの差がはっきりとあるので、共演してもらうにしても、現実には、いろいろとアドバイスを受けないとできないですよね。

今回（映画「僕《ぼく》の彼女は魔法使い」）は、梅崎快人《うめさきかいと》さんも同じ経験をしていると思いますが、長男は、「自分のほうが上役なんだ」という気持ちを持っていたので、千眼さんに何か言われるのは嫌だったわけですね。

ですから、こんなことがありました。プロの俳優ならみんなそうですが、恋人役《こいびとやく》のようなものをやるときは、相手が本当に恋人であるかのような気持ちを維持《いじ》しないと演技ができないので、だいたい、そういう感じになるらしいのですけれども、終わったらコロッと切り替えますよね。

千眼さんも当然コロッと切り替えたわけですけれども、おそらく彼のほうには、恋人のように仲良くやってくれていたのが、撮影《さつえい》が終わったとたんコロッと変わったことに対して、嘘《うそ》をついているか、二重人格に見えたところがあったのだろうと思うのです。

これは、明らかに「素人《しろうと》だ」ということにしかすぎません。「演技をやっていない素人がそう思った」というだけのことであり、何回も演技をやっている人は分かっていることなのです。撮影中は、恋人のつもりでやらなければいけないわけです。

例えば、映画「君のまなざし」で言うと、梅崎快人さんと水月《みづき》ゆうこさんは、二人とも男慣れ・女慣れをしていないので、監督のほうから、「日曜日でもいいから、たまにデートぐらいしてくれよ。男女の関係がもう少し緊密《きんみつ》な感じにならないと、演技がすごく硬《かた》くて、これではたまらない」というようなことを言われていましたよね。

確かに下手ではありました。観《み》ていて見苦しいぐらい演技が下手ではあったので、監督が「たまにデートぐらいしてくれよ」とお願いしていたのです。まあ、そういうところはあったかと思います。

そういうことで、千眼さんのプロのテクニックというか、十年間の部分に追いつけるわけがないのです。

千眼さんとしても、彼が、宗教的な部分で、きちんとリーダーとして、ある程度、教団を背負っていくような人であれば、その部分は尊敬して接することはできただろうと思います。まさか、信仰心が自分より劣るようなことになるとは思っていなかったのではないでしょうか。

「映画の主演を通じて、実質上、教団を支配できる」と考えたのだろう

大川隆法　とにかく、彼には霊的なものがそうとう入っています。信仰心のところは難しく、ほかの宗教でも、（霊が）入れ替わってしまうケースは数多くあります。最初はよかったのが、途中《とちゅう》から別なものに支配されているような宗教もたくさんあるので、とても難しいのです。

この部分は、「グル」というか、「師匠《ししょう》」がいる間に指導しなければいけないところであり、その指導を受けなくなったあたりで、もうそれは、一般的には駄目《だめ》にな

りますね。これは、分派して邪教《じゃきょう》をつくったりするケースと同じです。

彼は、「芸能部門だけは（宗教と）少し違う。この世と非常に近い」というような考え方があって、「やれる」と思って主演をやってみたところ、信者がみんなついてきて、繰《く》り返し映画を観てくれたので、「説法《せっぽう》ができなくても、映画で自分が主演でずっとやったら、ある意味で、教団を乗っ取れるのではないか」というように、おそらく考えたのではないかと思います。

彼に憑《つ》いているものの考えも入っていると思いますが、少なくとも、「実質上、教団を支配できるのではないか」と考えたのではないかと思いますね。

このあたりのバトルが、近年あったわけです。

里村　ありがとうございます。

「エル・カンターレ信仰《しんこう》を持つことの大切さ」を語っていた宏洋氏

大川咲也加　すみません。追加でよろしいでしょうか？

里村　はい。お願いいたします。

大川咲也加　妹として宏洋さんの人生を見てきたなかで感じたことを、少しお話しさせていただきたいと思います。

宏洋さんについて、「信仰心《しんこうしん》があったか、なかったか」という論争があるのですけれども、私が見ていて思うのは、宏洋さんというのは、大川隆法総裁先生から期待されているとき、「宏洋、頑張《がんば》れよ」と言われているときは、総裁先生に対して信仰心があります。

「自分が一番だ。総裁先生に愛されている」という個人的な実感を受けたときのみ、総裁先生をエル・カンターレだと信じることができる、つまり、そのように本人が思ったときには、「この人こそエル・カンターレだ」と思えるというのが実態であったかと思います。

宏洋さんは、中学受験に落ちたことで総裁先生から見放されたというように言っていますが、これは事実ではなく、本人がそう思っているということです。おそらく、中学受験まではエル・カンターレ信仰を持っていたと、私は思っております。彼は小学生の間は、総裁先生のことをとても尊敬しているときもありました。

ただ、どうしても〝やんちゃ〟な部分がありましたし、勉強も苦手《にがて》で嫌いであったところを、実母がすごく怒《おこ》っていましたので、何とか勉強させようと、家庭教師をつけたり、「将来、人の上に立つならば、ある程度の学歴も必要だ」ということで、進学校といわれるところを見学させたり、「将来、東京大学のような一流大学に行ってほしい」という願いを込めて、そういった進路を出したことはありました。そして、総裁先生はそれを見守られていたというかたちです。

母は、ご自身の経験から、「東京大学に行けば人生が変わる」と思っているタイプの方であったので、そのことを息子《むすこ》に繰り返し伝えてはいました。その当時、総裁先生は講演会等でお忙《いそが》しくされていて、すべての時間を子供との時間に費《つい》やすことができませんでした。ですから、実質上、宏洋さんに下されていた教育方針というのは、母から出ていたものということになります。

ところが、「東大に行かなければ幸福の科学の二代目にはなれない」「勉強が苦手なやつは家から出してしまうぞ」というような母の発言を、宏洋氏は、おそらく、「総裁先生から言われたことを、母が言っている」と認識していたのではないでしょうか。母からそのように言われ続けたことによって、「そんなふうに自分のことを否定してくる総裁先生は信じられない」という思考に陥《おちい》っていったのではないかと、私は思っております。

ただし、週刊誌の記事では、大学時代に家族と近づいた時期があるように本人が述べております。そのころ、総裁先生と母が離婚するという事件が起きたのですが、母がいなくなってから、宏洋さんも総裁先生と二人きりでお話しする機会が増えたことによって、ご自身のなかの総裁先生のイメージが上がっていったようです。「総裁先生は、本当はこんなにフランクで、自分たちのことも、それぞれに沿ったかたちで考えてくれていたんだな」ということが初めて分かり、総裁先生の存在のありがたさに気づかれたのだと思います。

そこで、一時、総裁先生を尊敬するような発言、「エル・カンターレ信仰は大事である」というような発言を信者のみなさまに対して語るようになりました。このときの宏洋さんの言葉というのは、演技で言っていたものではなく、本当にそう思っていたというように、私は理解しています。

例えば、「エル・カンターレ信仰を持つことの大切さ」や、「信仰者が最も尊い仕事をしている人だと認められる世の中になるのが、私の目標、夢です」と講話で語ったときの動画がありますが、これはまた後《のち》ほど公開もできると思います（注。その後、幸福の科学公式ホームページに当時の動画を掲載《けいさい》している）。

当時の講話が単なる演技だったのであれば、欺《あざむ》いていた信者のみなさまに植福《しょくふく》（布施）を返すべきというような考え方もあるかもしれませんけれども、私の理解では、そのときの宏洋さんは本当にそう思って話していたのではないかと考えています。

ただ、今の宏洋さんは不遇《ふぐう》な環境に置かれているため、もう総裁先生のことをすべて信じられなくなって、記憶もすり替わり、「一度も信仰したことがなかった」などと言っている状況なのではないでしょうか。

今、そのような状況になってしまっているということは、ほかの信者さんが思われているような信仰ではなかった部分が、少なからずあるということかもしれません。それが、「自分が認められているときだけ信じる神様」であったという意味では、信者のみなさまが思っていらっしゃるエル・カンターレ信仰というものを、宏洋さんは理解していなかったというのが実態ではないかと思います。

宏洋氏の守護霊《しゅごれい》が生まれる前に伝えてきた「人生計画」

大川咲也加　また、週刊誌で宏洋さんが「東大合格を義務づけられた」と言っていることに対しても、打ち返しをさせていただきます。

これからお話しすることは、一般の方には必ずしも通用するものではないかもしれませんが、私たちは天上界《てんじょうかい》や霊的存在といったものを信じている者であります。

その一つとして、宏洋さんの魂《たましい》が地上へ生まれてくる前に、総裁先生と約束をしたときのものが遺《のこ》っています。

当時、生まれる前の宏洋さんの魂は、「僕は開成《かいせい》で一番になって、東大に行く」と主張しておりました。「開成に行きたい」「東大に行きたい」と生まれる前から言っていたので、総裁先生は「向学心の強い子なのかな」と思われて、四歳《さい》、五歳ぐらいから、開成の文化祭を見に行かせたり、東大について教えてやったりしていたというのが事実です。

ただ、ほかの指導霊からの意見として、「本人は『開成に行く、東大に行く』と意気込んでいるけれども、実際には、遊び好きで、勉強は得意ではないだろう。だから、現実に継《つ》げる存在になるかは分からない」という霊査《れいさ》は出ていました。

それでも、総裁先生はとても優《やさ》しいので、「まあ、そうは言うけれども、やはり、長男に生まれたんだから、少しは期待してやらなければかわいそうじゃないか」ということで、いちおう、都会的には進学校といわれるような受験のプログラムを組んでくださったのです。

ところが、宏洋さんは本当に勉強が嫌いだったので、本人の魂が将来の目標として言っていたことであるにもかかわらず、総裁先生から強要されたという認識に変わっています。

あわせて、「四、五歳のころから開成中や麻布《あざぶ》中の学園祭に行かされた」と語っているところに対して言わせていただきたいのは、都会の子であれば、小学校のときから教育ママと一緒に志望校の見学へ行ったりすることも、けっこうあるものだということです。実際、宏洋さんの弟である真輝《まさき》さん、裕太《ゆうた》さんは、開成と麻布に進学しているので、そういった投資が無駄ではなかったと、私は思っております。

また、「東大法学部に行かなければならない」「最低でも早稲田《わせだ》・慶應《けいおう》でなければいけない」といった家訓は、大川家にはございませんでした。これに関しては、当時からの大川家の家訓というものが遺っておりまして、総裁先生からは、「学力だけではなく、人格も鍛《きた》えなければ、人間として大成しない。人から慕われるような人間でなければ、幸福の科学のリーダーにはなれない」というようなご教示がありましたので、これも開示できると思います（注。大川家の家訓は、二〇一九年八月二日発刊予定の『娘から見た大川隆法』〔大川咲也加著、幸福の科学出版刊〕に所収）。

私も「東大法学部に行かなければ人間ではない」というようなことを言われたことは一切《いっさい》ございませんし、それぞれの人に応じた進路を提案してくださっていたと感じております。

例えば、先般、発刊された『天照大神《あまてらすおおみかみ》の「信仰継承《けいしょう》」霊言』（幸福の科学出版刊）

のなかで、総裁先生が書いてくださっていたとおり、私は東京大学を目指していた時期もありました。しかし、総裁先生から、「咲也加さんはお茶《ちゃ》の水《みず》女子大学のほうが合うのではないか」というようなご提案をくださいまして、私も実際にその方向で進学したという事実がございます。ですから、「全員が東大に行かなければいけない」などと無理強《むりじ》いされたことは、もちろんございません。

私の場合は、生まれる前の段階で、「旦那《だんな》さんを立てたい」というようなことを言っていたそうです。「旦那さんよりも学歴が高くなると、夫婦《ふうふ》仲が良くならないので、旦那さんになる人の行った学校を見て、自分の大学を決めたい」と言っていたと聞いています。

そういった意味で、総裁先生は、生まれる前の本人の希望を聞かれた上で、より本人の人生に合った進路を、そのつどご提案くださっていたという認識がございます。その点については本当に感謝しておりますし、宏洋さんがおっしゃっているように、自分の思ってもいないことを強要されたという事実はございませんので、週刊誌の記事の訂正《ていせい》をさせていただきたいと思います。

異常な子育てをされたというよりも、「本人の性格の問題」

大川咲也加　それから、オウム事件等に関連して、異常な育て方をされたかのような記述もありました。例えば、「文春」の記事では「総裁先生が狙撃《そげき》を恐《おそ》れて車中で頭を伏《ふ》せていた」などと言っていますが、これも事実とは異なります。

宏洋さん自身が怖《こわ》がりの性格であったため、どこかから撃《う》ってくるのではないかと怖がって、車の下に隠《かく》れていたというのが実態です。私のほうは、「そんなことはあるわけがないじゃないか」と言って普通に乗っておりましたので、それは本人の性格の問題だと思います。

また、幼稚園《ようちえん》に行かせてもらえず、小学校に入るまで一人も友達ができなかったようなことを言っております。しかし、私も幼稚園には行きませんでしたけれども、友達がいっぱいおりました。これは、人によって、友達ができにくい性格の人と、友達ができやすい性格の人がいるというだけのことだと思います。
上の子二人が幼稚園に行かなかったことについては、渡部昇一《わたなべしょういち》先生の教育論で、幼稚園に行かないほうが知的な人間になれる可能性があるというように書かれたものをお読みになり、実践したという事実があります。ただ、それによって、宏洋さんが人とコミュニケーションを取るのがちょっと苦手になったように見受けられたため、方針を改め、真輝さん以降は幼稚園に行っております。
私は幼稚園に行かなくても友達に困るということは別になかったので、そこは他人のせいにしてはいけないのではないかと思います。

里村　貴重なお話をありがとうございました。

小学校の前には、子供向けの塾《じゅく》や英会話教室に通っていたこともある

大川隆法　追加しますと、子供が地上に生まれてくる前に、それぞれの人生計画を

録音したのですけれども、宏洋は、ただ開成と東大へ行くと言っていただけでなく、「開成でずっと一番を続け、東大でも一番を続ける」ということを言っていました。それで、母親がそれを信じて彼を猛特訓《もうとっくん》しようとしたところ、本人は〝虐待《ぎゃくたい》〟されていると思ったわけですが、「話が違うじゃないか。こんなに出来が悪いはずがない」というのが母親の意見でありました。

秘書のほうは、彼が小学校四年ぐらいのときに、「この頭では、〝御三家《ごさんけ》〟はもう無理、受からない」と見放していました。秘書たち自身も中学受験を経験していたので、知っていたのです。そういうわけで、東大卒の家庭教師たちもみな逃《に》げたため、最後は、六年生のとき、家内が奮起して自分で締《し》め上げるかたちになりました。そのため、結論として親子仲が悪くなったということはあります。

その後、私が言ったわけではありませんが、中学受験が終わったときと、高校受験のあとの二回ほど、母親が一方的に長男を勘当《かんどう》しています。高校受験のあとは、家のなかから、独身の弟子《でし》たちが住んでいる近所の僧房《そうぼう》のほうに移されました。

ただ、そこにも女の子を連れ込むのが宏洋でした。まあ、それについてはどうしようもありません。ですから、本人にとっては、かえって都合がよかったのかもしれません。

それと、幼稚園については、確かに、渡部（昇一）先生の考えを参考にして実験というのもありました。また、講演会で全国を回っていたので、上の子二人は一緒に連れていっていたのです。三番目からはもう止《や》めたのですけれども、上のほうは講演会に連れていっていたため、幼稚園があると行事ができないところもあったのは事実です。

ただ、子供のためにまったく何もしなかったわけではなく、例えば、伸芽会《しんがかい》という幼児部門の学習塾《じゅく》のようなところに週三回ほど行って、知能訓練や動作訓練といったことをしてはいました。

そこでは、いわゆるお受験をする人が多く、小学校を受験するために通っていた人がほとんどではありましたが、わが家はさせませんでした。あとは、子供英会話のようなものもしていたと思います。

宏洋氏には、今でも大人にならない部分がある

大川隆法　確かに、渡部昇一先生がおっしゃっているとおり、宏洋は小学校へ上がる前は、家のなかで教育しているほうが頭もよかったのですが、小学校へ上がるや否《いな》や、頭が悪くなっていきました。公立小学校へ行くと、やはり、急速に頭が悪くなり、「これほどまで落ちるのか」というほどの落ち方をしたのです。これは、周りのレベルがそうとう悪いということでしょうか。

宏洋は「ＩＱが高い」と自慢《じまん》していますが、私の子供は五人とも、小学校へ上がる前のＩＱが百六十以上だったのです。全員、百六十を超《こ》えていました。

宏洋も、五歳のときは百六十を超えていたのですが、白金《しろかね》小学校の一年生に入学して半年ぐらいたってから測ってみると、百三十ぐらいまで落ちていたのです。すでに三十以上も落ちていました。今なら、おそらく百あればいいほうだと思います。

そのように、どんどん落ちる一方でしたので、そのあたりは難しいところがありました。

同じ学校、同じコース、同じ担任であっても、先生と喧嘩《けんか》になる子供もいれば仲良くなる子供もいたり、学校と仲良くなる場合と悪くなる場合の両方がありました。

ただ、宏洋が進んだあとは、道がすべて閉《と》じていくような感じになり、弟妹《ていまい》たちはみな、恥《は》ずかしくて行けなくなるということが数多くあったのです。

彼はそうとう奇行《きこう》が多かったし、訓練行動もできなかったのは事実です。でも、これは、先天的なものがそうとうあったのではないでしょうか。

今も、ある意味では、「永遠の少年」と言われているところもあって、大人にならない部分があるのではないかと感じています。

4 NSP社長「失格」の理由

水谷　大田社長に質問させていただきます。

宏洋氏は二〇一七年十一月二十三日に、ニュースター・プロダクションの社長を解任されていますが、その理由となった本人の仕事ぶりについて教えてください。

宏洋氏が社長解任理由に一切《いっさい》反論してこない理由とは

大田　宏洋氏の社長の解任理由については、ニュースター・プロダクションのホームページにも掲載《けいさい》していますが、これに関しては、非常に特徴《とくちょう》的なことがあります。

それは、宏洋氏は今まで、例えば、「休職」や「辞《や》めた、辞めない」など、些細《ささい》なところではいろいろと反論をしているのですが、私どもが掲載した「社長解任の経緯《けいい》について」に挙げられている幾《いく》つかのポイントに関しては、一切《いっさい》反論していないということです。

それは、おそらく、仕事ぶりについて細《こま》かいところまで議論すると、自分が「いかに仕事ができなかったか」というところが明らかになるので、反論できないのではないかと思います。

宏洋氏の問題点①――信仰心《しんこうしん》にズレがあり、総裁先生と違《ちが》う指示が来る

大田　それでは、どういう仕事をしていたのかという点について、少し述べたいと思います。

第一の問題点としては、やはり、何と言っても信仰心《しんこうしん》の部分に問題があったということです。

それはどういうことかというと、われわれスタッフとしては、やはり、大川隆法総裁先生を主と仰《あお》ぎ、その教えを受け、聖務《せいむ》に取り組んでいますが、宏洋・元社長

からは、総裁先生と違《ちが》う考えが指示として出てくるわけです。

要するに、われわれは、宏洋氏からずっと、「自分は総裁先生とは芸能に対する考え方が違う。まずエンターテインメントで受けさえすれば、どんな作品でもいいんだ」というように言われていたということがあり、そこにずっとズレが生じていたので、一同、信仰心のところで非常に苦しい思いをしたということが、第一点としてあると思います。

宏洋氏の問題点②――勤務姿勢が悪く、週一日しか出社しない

大田　次に、宏洋氏の勤務姿勢についてですが、実態は、彼が出社していたのはだいたい週に一日程度でした。
初めの一、二カ月ぐらいは、朝から来ていたのですけれども、次第に来なくなり、ついには週一回ぐらいのペースでしか来なくなったのです。そして、来ても、どこにいるか分からないような状況《じょうきょう》もありましたし、どこかに籠《こ》もって寝《ね》ていたりとい

うようなことが続いていました。

出社しないときは、「役づくりの一環《いっかん》だ」と称《しょう》して、ジムに行ったり、デートに時間を費《つい》やしたりしていました。

宏洋氏の問題点③――経営判断ができない

大田　社長が不在ではいろいろな決裁事項《じこう》が滞《とどこお》るので、われわれとしては、週一回の出社のときに、いろいろな案件について決裁を頂こうと準備して待っていたわけですが、彼は経営判断もなかなかできなかったのです。

ですから、その一週間に一回の決裁日で、彼が、どうしても自分で決裁できず、分からなかったものについては、「預からせてください」ということで持ち帰るのですが、その後、何も返答のないまま決裁を頂けない案件も多々ありました。

そういうなかで、ご自身で決められ、即実践《そくじっせん》されたことというのは、前に勤めていた建設会社で使われていたスケジュール管理のソフトを入れる、あるいは、親睦《しんぼく》を深めるために宴会《えんかい》をするなどといったことでした。そういうところは即決していたわけです。

また、私は経費的なところも抑《おさ》えていたので、接待交際費等をもう少し抑えるように助言をすると、そこは烈火《れっか》のごとく怒《おこ》り、「いや、それはないでしょう。もっともっと使うべきだ」というように言われたことを覚えています。

「経営能力」「経営判断」に関する宏洋氏の問題点

大田　あと、「経営能力」「経営判断」のところで言いますと、宏洋氏は仏法真理《ぶっぽうしんり》の学習のなかで、「経営の法」についてはあまり学んでいなかったということもあります。

そのため、われわれとしても、何とか社長として立派になってほしいと思い、「生きた学問を学んでもらおう」と考えました。

そこで、幸福の科学の信者で企業《きぎょう》の社長をされている方々と会食の機会を設《もう》けるなど、いろいろとお話をする機会をセッティングしたりもしたのです。

しかし、そうしたなかでも、なかなか自分自身から質問をすることもなく、会食の間はずっと黙《だま》っていて会話が成り立たなかったので、側にいる人間が話をすべてセットアップしなければならないというような状況も続いていました。

さらに、何と言っても、経営の判断のところの問題では、ニュースター・プロダクションのホームページにも掲載している案件が挙げられます。

宏洋氏は、出演していた映画「さらば青春、されど青春。」の撮影《さつえい》期間中にもかかわらず、小さな舞台《ぶたい》への出演を優先したいということを言い出しました。

ただ、舞台のほうに行くと、どうしても映画の撮影スケジュールが空《あ》いてしまって、その間、スタッフ全員を待たせることになります。経営的には、舞台に出ることと映画の撮影と、どちらを優先すべきかという判断では、どう考えても撮影を取るべきでした。

しかし、宏洋氏が舞台のために使った二週間で、映画の実損が約五千万円は出ています。それに比べて、舞台のほうのギャラは、おそらく十万円程度だったと思われますので、比較《ひかく》対照すればまったく問題外の判断をしたということが言えます。ここは実損として考えられるところであります。

権力を使ったパワハラ・セクハラ案件

大田　それから、さまざまなパワハラ行為《こうい》もありました。

一例としては、宏洋氏にどうしても連絡《れんらく》を取らなければならない急ぎの案件があったため、ある職員が彼に何度も電話をしたのですが、まったく連絡がつかないことがありました。あとで事情を訊《き》いてみたところ、宏洋氏はそのときにシャワーを浴びていたことが分かりました。

しかし、ただちに進めなければならない案件であるので、やむをえず担当者は先に仕事を進めることにしたのです。

すると、宏洋氏は、「なぜ、シャワーを浴びているときに電話をしてきたんだ！」

と、烈火のごとく怒ったそうです。

「君の仕事の姿勢がおかしいんじゃないか。仕事の情熱が足りないんじゃないか。僕《ぼく》は建設会社に勤めていたときに、『離婚《りこん》をするか、仕事を取るか』ということで悩《なや》んで、離婚をしたんだ。仕事を取ったんだ」というような、訳の分からない理屈《りくつ》を言われたといいます。「僕がこういう決断をしたんだから、君はどうするんだ？　離婚をするのか、仕事を取るのか、はっきりしろ」などと、明らかなパワハラ発言をされて、その担当者は非常に悩んだということも聞いています。

また、セクハラの案件もありました。

先ほど、「所属タレントとお付き合いをしていた」という話もありましたが、いったんは別れるということで話が進んでいたものの、その後、宏洋氏が「よりを戻《もど》したい」ということで、朝、その女性タレントの家に押《お》しかけて、家から出てくるまで待っているという〝ストーカー行為〟をしていたのです。それから、宏洋氏がタレントを約十時間にわたって説得して、もう一度よりを戻すというようなこともありました。

こうしたものは明らかに権力を使ったパワハラ・セクハラ案件であり、世間一般《せけんいっぱん》では許されないことかと思います。

このような勤務姿勢や信仰心の問題、経営判断力、パワハラ・セクハラの問題など、さまざまな案件があったため、ニュースター・プロダクションの取締役会《とりしまりやくかい》としては、「宏洋氏に社長を続けてもらうことはできない」という決断を下し、社長退任ということに至った経緯があります。

5 「後継者《こうけいしゃ》問題」について、気になる三つの点

高間　私からは、後継者《こうけいしゃ》の問題についてご質問させていただきます。「後継者問題」という観点から、今回の記事を読みますと、気になる点が三点あります。

一点目は、大川総裁と前夫人であるきょう子氏との離婚《りこん》の際に、きょうだいで会議を開き、そのときに、「ママについていったら、飢《う》え死にする。パパについていこう」ということで、「お金が必要だから総裁についていくことを決めた」というようなことを述べている点です。

二点目は、大川総裁の再婚の際に、総裁から「誰《だれ》と再婚すればいいかな」と相談され、宏洋氏が、今の総裁補佐《ほさ》を推薦《すいせん》したように述べている点です。

三点目として、「きょうだいは誰も〝洗脳〟されていない。これは信仰団体《しんこう》ではなくて、〝家業〟である」というようなことを述べている点です。幸福の科学のことを、いわゆるファミリービジネスのように考えていて、自分自身は信仰がないということにとどまらず、他のきょうだいも信仰がないという点では大同小異《だいどうしょうい》であるかのように主張しています。

こういった点から推測しますと、今後も宏洋氏は教団に対して、さまざまなかたちで自身の「信仰の後継者としての地位」を主張する可能性があると思われます。そういう点も、非常に危惧《きぐ》されるところではあります。

また、現在、宏洋氏は休職中ですが、まだ幸福の科学の職員というかたちを取っています（注。その後、二〇一九年六月二十五日付で、懲戒免職《ちょうかいめんしょく》処分となった）。

このあたりについて、事実をお教えいただければ幸いです。

家事がまったくできない母親のもとでは飢《う》え死にする可能性があった

大川隆法　一点目の「ママについていったら、飢《う》え死にする」という話ですが、母親は家事がまったくできませんでしたので、実際的な意味で飢え死にする恐《おそ》れもかなり高かったわけです。

現実には、母親のできないところを補うために、数多くの家事関係の秘書を入れていましたし、私のほうは、その部分の経費をカバーするために働かなければならなくなった面もありました。

したがって、私のほうが、そうとうカバーしたところはあります。

ちなみに、前妻と結婚したときに、最初から、「一人目の子供ができたら、家一軒《けん》とお手伝い二人を要求する」ということを言われたので、ややカクンときたのを覚えています。「そこまでできないのか。最初の子の子育てぐらい、自分で頑張《がんば》ろうという気はないのかな」ということは思いました。

前妻は、やたらとお手伝いを入れたがる気《け》はありました。私からは、「お手伝いをあまりつけすぎると子供が駄目《だめ》になるので、気をつけたほうがいいよ」と言っていましたが、前妻の実家は秋田県の産婦人科だったので、公私混同の家だったのでしょう。お手伝いは二人、看護師さんは十人ぐらいいたでしょうか。それから入院患者《かんじゃ》もいて、入院患者までもが一緒《いっしょ》のファミリーみたいなもので、常時三十人ぐらいがいるようなところにいたわけです。

そして、その入院患者を持っている産婦人科と同じような運営を、こちらの家でもやろうとしていた感じがあり、ときどき、私や子供たちもみな、病人というか、本当に妊婦《にんぷ》になったような気分になるときもありました。

前妻には、そういった人の使い方をするところがややあったわけです。そういう意味で、家事はできませんでした。

生活場だけでなく、仕事場でもある大悟館《たいごかん》

大川隆法　また、前妻は育児も本当にまったくできなくて、私がやっても変わらないぐらいのできなさではありました。

私自身も、家で本を読んでいることも多かったので、十分に育児要員として使われてはいましたが、私のほうが神経が細《こま》かいのです。あちらはものすごく抜《ぬ》けていて、三歩歩くと忘れるような人だったので、何かをやっていると、ほかのことはすべて忘れてしまうところがありました。

特に、長男は神経質で癇《かん》の強いところがあり、親の姿が見えないとすぐ泣き始めるような子だったので、これは大変でした。

私がリビングで本を読んでいても、目を離《はな》すと、育児をしている別の部屋から這《は》い出してきて、階段をワーッと這い上がってくるのです。まだ立ってもいないころでしたが、ものすごく速い速度で階段を這い上がってきていました。なので、私は

本を読んでいても、気配を感じたら慌《あわ》てて出ていって、途中《とちゅう》で止めるということがあり、ものすごく神経を使ったのを覚えています。

しかも、私にトイレにも行かせてくれないような子でして、大ではなくて小のときには、ほんの一分もあれば済むんですけれども、それでも這ってきて、ワアワア言って抗議《こうぎ》をするという感じでしょうか。

親の姿が見えなくなるのを許さないような状態だったので、すごく手はかかった人です。その手のかかるタイプの人に、また、大勢の人手をかけたので、余計、今のような性格になったのではないかと思います。

また、当人としては、おそらく、秘書等、自分に仕えている人がたくさんいることを、自分が経営か運営をしているような気持ちでいたのではないかと思います。実際には何も生んではいないのですが、自分のお世話をしていることで給料が払《はら》われて、何か仕事を生んでいるような気持ちでいたのではないでしょうか。そのあたりの勘違《かんちが》いは、かなり大きかったのかなと思います。

それから、長くやっている間に、だんだん教団が大きくなってきたので、カルチャー的にはそうとう変わってきた部分はあるでしょう。家のほうは、生活場というだけではなく、仕事もしている場なのですが、そのあたりの区別のところは、今の日本の感じから見ると、なかなか分かりにくいところがあるかもしれません。

私は、子供たちとは、食事もできるリビングのようなところで会ったりはするけれども、それ以外は仕事の時間に当たります。要するに、彼は、「親と会えなかった」「父親と会えなかった」といったことをよく言っていますけれども、食事の時間は降りてきていましたし、それ以外の時間は仕事のつもりでいるので、書斎《しょさい》等で仕事をしていれば、子供が来られないのは当然のことです。そのために、秘書をつけて子守《こも》りをさせていた部分はあったと思います。このあたりは、普通《ふつう》の家とはやや違うところもありましたね。

子供たちのほうが勧《すす》めた「離婚《りこん》」

大川隆法　子供たちが、母親についていくと食べられなくなるということに関しては、確かに、母親は何もできないのを、みな知っていました。「自分たちの面倒《めんどう》を見ることもできないし、ご飯《はん》もつくれないし、それ以外の洗濯《せんたく》といったところもできないし、何もできないことは知っていた」ということもあると思います。

もう一つは、やはり、彼が言っている「虐待《ぎゃくたい》」といわれる部分のほとんどは、母親の問題であるということです。母親の言葉もそうですし、実際、手を上げたのは母親のほうでした。

今は、もう、その母親もいなくなり、今回の「週刊文春」の記事を読んでも、それらが一緒になってきて、私のせいにもなっているようで、父親も母親も兼《か》ねている感じになってしまっています。私が言ったのではない言葉も入っているようではありますけれども、ちょっと、そのあたりのところはあったのかなと思います。

また、子供たちにも、仕事の一環《いっかん》として、いろいろなことを相談する機会は持つようにはしていました。やや私的なところと公的な部分にまたがるようなところについても、仕事の勉強と思って、いろいろと相談したり、どう思うかを訊《き》いたりして、本人たちの意見を尊重しつつ、いろいろなことを言わせていたことはあったと思います。

そういう意味で、離婚《りこん》のところに関して、私のほうは、「離婚は、当人同士においては自由だけれども、子供にとっては罪悪なんだ」というような考え方を、わりあい持っていたほうでした。自分の両親も、よく口喧嘩《くちげんか》はしていましたけれども、離婚はしなかったので、そのほうがよいのかなと思い、離婚はせずに頑張っていたわけです。前妻がいた二十年のうち、最後の十年ぐらいは、本当はかなり厳しい状態ではあったのですが、離婚せずに頑張ってはいたのです。

ところが、どちらかといえば、子供のほうが、やや都会育ちだったからかもしれないし、今は、小学校から、両親の離婚を経験しているという家庭の友達も多かったので、慣れていたのかもしれませんけれども、「離婚したほうがいい」と勧《すす》めてきました。

下の子は小学校の高学年ぐらいまで行っていて、上の子は大学に入ったぐらいのころだったと思います。子供たちでも、いちおう、話し合って意見を言ってきたりはしていたと思いますが、そのときに、「離婚したほうがいい」というようなことを言ってきてはいるのです。私自身は、子供のために離婚しないで頑張っていたのですが、子供たちのほうが、「離婚したほうがいい」というようなことを言ってきたように思います。

仕事でも限界が来ていた前妻

大川隆法　実際、仕事上はかなりきつくなってきてはいました。

初期のころの、教団に職員が数人ぐらいしかいなかった時代に結婚しているので、そのときは、前妻のほうも、実際上、副社長のような気分でやっていたのは事実です。

ただ、教団もだんだん大きくなっていったので、一流企業《きぎょう》の部長級の人たちが、部下としてたくさん入ってきていました。前妻は、大学卒業と同時に、四月に結婚式を挙げているので、実務経験なしで教団に入ってきています。そのため、秋田の産婦人科の運営のような感じでやっていたのでは、やや無理なレベルになっていたのです。

一方、私のほうは、大きな会社の仕事を経験していて、発展段階に合わせてどの程度やればよいかは知っていたので、ときどき切り替《か》えながらやっていました。

例えば、私が家の四階に行って、前妻は三階にいると、別々に電話で指示が行くわけですが、私の指示と前妻の指示が「正反対」というようなことがしょっちゅうあったのです。

ここがいちばん難しいところではあるのですが、みな、前妻のほうから出た指示は、私から聞いてきているのかと思ってやっているところがあるのに、私のほうからは「違う指示」が来るわけです。そのように、下では〝全然違う指示〟を受け取っていたので、秘書のほうは頭が痛くなってくる感じになってしまい、二日出勤したら一日休むという秘書もいたりしました。もう、頭が混乱して、おかしくなるという感じでしょうか。

これは、考え方の相違《そうい》ではありますが、はっきり言ってしまえば、「経営学を知っているか、知らないか」の違いです。

私は、規模が大きくなったら、経営学に基《もと》づいて、組織運営すべきところはしていたのに対し、あちらは、そういうことをまったく知らずに、勘で言ってやっていたのです。それは、家の家業でやれるレベルの運営とはやや違うものがあったのですが、前妻のほうは、経営学的なところの勉強はまったくしなかったわけです。

それで、子供のほうを見ていることにはなっていたんだけれども、そこのところも、だんだん、仕事の面とそうとう交錯《こうさく》してきたところはあります。

私自身は、やはり、五人も子供が生まれましたが、それで終わるかと思えば、子育ては大変で、子供がみな中学受験をして、大学でもう一回受験すると言われ、「これを全部、みんながやるとなると、もう仕事ができなくなる」という状態も、けっこう経験しています。要するに、目を離すとすぐに母子喧嘩が始まるので、目が離せないような状態があって、それがけっこうストレスでした。

特に、最後の十年ぐらいはできるだけ家にいて、公案《こうあん》や祈願《きがん》を書いたり、収録したり、本を読んだりといったことのほうが多くなり、大きな行事はしないようになっていったと思います。それは、家のほうを見ていないと、もたない状況《じょうきょう》になっていた面があったからです。

そういうのを見ながら、子供たちのほうには、「父親のほうについていったほうがよくなる」というような意見があったとは思います。

習慣が正反対の秋田出身の人と結婚《けっこん》し、心労が続いた経験

大川隆法　それから、二番目の質問が、「宏洋さんが、『紫央《しお》さんがいいんじゃない

か』と推薦した」ということについてですか。

これについては、いろいろと意見もあるかと思います。

紫央さんは徳島出身ですが、私の徳島の母といいますか、おばあちゃんのところに子供たちが行くときには、徳島弁が通じないので、通訳代わりに秘書では紫央さんがいつもついてきていた状況ではありました。

というのも、秋田の人（前妻）と結婚《けっこん》したときには、だいぶカルチャーギャップがあり、本当に心労したからです。習慣が正反対、まったく逆なのです。「ええ!? 関西系だったら、普通はこうするのに」というようなことが、東北だと正反対、まったく逆なのです。

例えば、結婚式で言うと、関西のほうは、花婿《はなむこ》の父親だけでなく、花嫁《はなよめ》の父親もいちおう挨拶《あいさつ》をします。関西のほうではそうするのです。また、テレビで観《み》るかぎり、今はどうも東京圏《けん》まではそうしているらしいのですが、そのときは、結婚式で花嫁の父親が挨拶をするのは、「もう、死んだほうがましだ」というぐらいの屈辱《くつじょく》であり、恥《は》ずかしいという気持ちがあったようなのです。

ですから、私の結婚式のときでも、私の父親が、「秋田のお父さんも、何か一言《ひとこと》やられたらどうですか」と言っても、「いいえ」と頑《かたく》なに固辞され、「そんなことをしたら父親が死んでしまう」といった感じがありました。それほどギャップがあったわけです。

あとは、食べ物も、四国のほうは、だいたい薄味《うすあじ》で統一されていますが、東北のほうは、ものすごく味が濃《こ》くて、私も一回、病気になっています。「日本食のほうがカロリーが少ないからいいか」と思って、日本食を多くしたのですが、東北の人の料理では、塩を一日に二十グラムから三十グラム使うのです。

そのくらい塩を使っていたのですが、今、「塩分は、一日に平均七グラムぐらいでないとよくない」と言われています。四国のほうは薄味だったのですが、結婚してから、塩を二十グラムから三十グラム使う料理を食べ続けた結果、実際に血圧が高くなり、心臓のほうが悪くなったのではないかなとは思っています。

そのように、いろいろな点が、全部逆になって、それが意見の対立になるような面も多かったので、この苦労もちょっと嫌《いや》だなというところはありました。

また、四国の両親との関係は良好だったのに、結婚を境に、ほとんど音信不通になりました。というのも、秋田出身の前妻だと、「言葉が三割しか通じない」という状況で、英語よりも厳しいレベルだったのです。

そのように、お互《たが》いに三割ぐらいしか分からなくて、まったく話ができなかったので、ほとんど徳島にも行っていません。十年に一回ぐらいしか行っていないと思います。

そういう経験もしたので、両親に対しては、少し申し訳ないかなという気持ちがありました。そのため、今度はそれに懲《こ》りて、「徳島県産の人のほうが楽かな」と思いましたし、紫央さんは、「母とも、よく顔を合わせていた」ということもありました。

再婚《さいこん》の際には「宏洋氏でも家にいられるような人」という条件も考えた

大川隆法　ともあれ、宏洋の「今の母親は、自分が推薦したんだ」という発言には、やや問題はあるでしょう。

いちばんの〝問題児〟は、宏洋だったからです。ほかのきょうだいは、だいたい、別の人でも調和できたとは思うのですが、いちばんの問題児が彼なので、「宏洋でも家にいられるような人」という条件で考えると、紫央さんがいいのかなと思ったのです。

宏洋の性格は〝ドM〟で、極度にマゾッ気《け》が強く、本当は怒《おこ》りまくるような女性が大好きなのです。ただ、これは必ず家庭崩壊《ほうかい》を引き起こすタイプなのでよくないわけです。

その意味で、「宏洋さんが紫央さんを勧めた」ということはありませんが、当時、彼が、「紫央さんには目力《めぢから》がある」とか、そういったことを言っていたのは覚えています。怖《こわ》かったのかどうかは知りませんが、彼のキャラでいくと、〝怖いキャラ〟のほうがお好きだったのではないかと思うのです。

あのように言いつつも、彼を見ていると、いまだに母親型の〝ドS〟キャラの女性が好きなようには見えますからね。

もちろん、紫央さんが〝ドS〟というわけではなく、中道《ちゅうどう》を行っているのだろうと信じたいところはありますが、念力《ねんりき》や目力等はあるようなタイプではあると思います。

紫央《しお》さんは「仕事の詰《つ》め」が非常に正確で、きちっとしている

大川隆法　それから、いろいろな能力は、みんな個別にあるのですが、紫央《しお》さんは、実務的なところがきちっとした人なので、非常に助かっています。これは、本当に助かっていると思っています。

前妻のほうは、東大を出ていたので、周りの人も、「緻密《ちみつ》な作業ができて、細か

いところもミスしないできちっとできる人だ」と、普通は思うでしょう。実際、東大卒には、そういう人が多いのは事実です。ところが、前妻は、よく抜けるタイプで、いろいろなものがポロポロ抜けていく人だったので、本当に心労しました。そこまで私に心労させる人というのは、あまりいないのですが、そうとう心労したのです。

例えば、前妻の〝抜け〟を埋《う》めていくという二度手間の仕事がずいぶんあって、彼女がやったあとの始末をずっとつけていっていました。あるいは、彼女が〝紛《ふん》争《そう》〟を起こしたあとを片付けていくような仕事がかなりあって、そうとうきつかったのです。

しかし、紫央さんが総裁補佐になってからは、仕事の詰《つ》めが非常に正確なので、私が話したことが、きちんと宗務《しゅうむ》本部のほうにも通っているわけです。たとえ、私が夜中に思いついて言ったことでも、メモを取って、きちんと通しているので、これは、もう全然違いました。

例えば、前妻の場合は、リビングで子供たちとご飯を食べたあとに話したことでも、リビングから出た瞬間《しゅんかん》に、もう忘れているような状況でした。そのため、「同じことを、エレベーターのところで、もう一回言い、上に上がって、もう一回言う」というように、三回ぐらい言わないと忘れる性格だったのです。もちろん、それが天才性だったらよいのですが、そうであるかどうかは疑問でした。

そのようなわけで、紫央さんに決めたのは、全体的には、徳島に関係があったのと、仕事的には、詰めるところはきちっと詰めるところがあったからです。

お兄さんがよい人で、「出家《しゅっけ》後の評判」もよかった紫央《しお》さん

大川隆法　それから、紫央《しお》さんは、お父さんが当会の支部長をやっていた方だったので、「幼少時から、きちんと当会の教育で育っている」というところもありました。

また、紫央さんにはお兄さんがいて、今、四国の川島町《かわしまちょう》にある「聖地エル・カンターレ生誕館」の館長をしていますが、この方も以前、宗務本部にいて、咲也加さ

んの家庭教師を担当していました。非常に温和な性格の方で、現在は経理局にいる某《ぼう》重役とは違って、すごく優《やさ》しい方です。

その某重役が咲也加さんの数学を教えているときには、「おまえの頭は腐《くさ》っているのか！　一週間前に教えたことを全部忘れている」というような感じで、もう、咲也加さんは糞味噌《くそみそ》に言われていたのです。

ところが、生誕館の館長をやっている紫央さんのお兄さんは、慶應《けいおう》大学の商学部を出ているので数学ができないわけではないのですが、その方が家庭教師についたら、咲也加さんを見て、「あっ、できないよね。僕《ぼく》もできないから、できないよね」というような感じの優しい人だったので、共感は持っていました。

ですから、「その妹さんが出家《しゅっけ》してきた」と聞いたときには、「お兄さんがいい感じの人だったから、たぶん、本人もいい人だろう」と思っていたのです。

紫央さんは、実際は、日銀（日本銀行）に就職して一年間働いてから、当会に出家しています。それは、「社会経験を少し積んでから来たかった」ということだったらしいのですが、日銀に入りはしたものの、半年ぐらいで、すぐに、「やはり、幸福の科学に来たほうがよかったかな」と思い始めたらしく、三月ぐらいに出家してきたのです。それで、事務局に入って、「評判がいい」ということで、一カ月ぐらいで宗務本部に異動してきました。

当時は、前妻の戦力が、もうほとんど〝カウントできない〟ような状態で、秘書たちがかなり奮戦している状況だったのですが、紫央さんは、すごい速度で出世してきていて、二十七歳《さい》で私と結婚《けっこん》したときには、第一秘書局の専務理事をやっていたと思います。そのように、そうとうのスピード出世はしていましたが、その任には堪《た》えていたと思うのです。

再婚《さいこん》は、いろいろなことを考えた上でのものだった

大川隆法　以上のようなことを総合的に勘案しての人選で、「紫央さんと結婚《けっこん》」ということになりました。

宏洋さんが「推薦した」と言うのは勝手ですが、要するに、宏洋さんは、問題児だったので、「母親（前妻）がいなくなったら家に入れるようになった」ということでしょう。実際、私が言っているとおり、母親がいなくなったら入れるようになったので、「誰かと結婚したら、また追い出されることになるといけない」と思って、紫央さんの親和性が高いところも、一つ斟酌《しんしゃく》したことは事実です。

あとは、紫央さんは、「ほかの子供たちがお兄さんのほうも知っていた」ということもあったし、私が四国に行くときもよくついてきてくれていたので、そのあたりも考えた上でのことです。

もちろん、トータル・マネジメントをできるところまでは行きませんが、「私が言ったことは、きちっとできる」というところは、さすがに優《すぐ》れたところでしょう。

やはり、「日本銀行をなめてはいけないな」と思うぐらい、仕事の詰めはきちっとしていてミスはありません。指示したことについての詰めは完全だし、いったん言ったことについては、できているかどうかの確認までやってくれるので、これには助かりました。

そのように、紫央さんには、秘書を経験した上で家内になってもらったので、それは本当によかったと思っています。

前妻との結婚《けっこん》こそ、実は「強制結婚」だった

大川隆法　一方、前妻のきょう子氏の場合は、「東大を卒業する前の十二月に、外資系のファンドか何かに就職が内定していた」とは言うものの、彼女も博打《ばくち》打ちのような感じの人だったので、私と会うときには、「就職の内定は断ってきたからね」と言っていました。つまり、私はもう、就職先として見られていたわけで、「はあ？」という感じでした。
そのように、前妻とは、「もう断ってきたから、（嫁に）もらえ」というような、（「週刊文春」の記事を指しながら）まさしく、ここに書いてあるとおりの「強制結《けっ》婚《こん》」で（会場笑）、「ええっ？　それはないだろう」という感じでした。「千人受け

て七人しか内定しないところを、もう断ってきたから。『入社したら、ロンドンに留学させてくれる』という留学付きだったけど、辞めてきた」と言うのです。

要するに、「もらえ」ということで、実際上、強制結婚になりました。前妻とは、そういったこともあって結婚したわけです。

そのときには、私も、「一年ぐらい秘書をやってからにしないか」とも言いました。要するに、「何もできないのではないか」と思って怖かったので、「『一年ぐらい秘書をしてから』という案もあるんじゃないか」と言ったのですが、「駄目です」と断られました。「それで試《ため》されて、捨てられたら困るから」というわけで、さすがに、そのあたりのごり押《お》し、ネゴシエーション（交渉《こうしょう》）の力はすごかったです。「そういうことは許さない」ということで、私は強制結婚させられました。

実際、そのときには、もう、私の家の合鍵《あいかぎ》もサッと取り上げられましたので、そのあたりはすごいと思いました。本当に、「頭がいい」と言うのかどうか、そこは分かりませんが、ほかの商売でも可能なタイプの頭だと思います。

ともあれ、前妻には、秘書をさせたかったのですが、経験しないままで来たので、そのあと、残念ながら、「実務のほうができなかった」というところがありました。

「財産相続について、分かっていない」と思われる宏洋氏

大川隆法　あと、もう一つ、何かありましたか。

酒井　（「週刊文春」の記事を指して）ここです。「〝家業〟に入る」とか、「〝洗脳〟されていない」とかいうことについて……。

大川隆法　（「週刊文春」の記事を見ながら）この文脈は、よく分かりませんね。「きょうだいで〝洗脳〟されている人は一人もいない」というように言っていますが、特に何か、洗脳のようなことをしていないのは、そのとおりです。

それから、宏洋が言ってきていることを見ると、何か、財産だけはずっと気にし

ているようですね。

宏洋は、いちおう、「法学部卒」ということにはなっているのですが、あまり勉強していないので、どうやら、「財産は、子供にみな平等に来る」と思っているらしいのです。

しかし、今回のようなことをすると、財産を相続させなくすることができるのですが、それについては分かっていないのではないでしょうか。普通の法学部卒なら、これは分かることなのですが、彼は、「遺留分は、全部ちゃんともらえるものだ」と思っているようです。

ところが、普通はこのような被害《ひがい》を受けたら、もう、「相続から外す」ぐらいは当然できるのですが、彼のレベルでは、おそらく、それを知らないのだろうと思うのです。

酒井　そうですね。

大川隆法　どうも、「財産だけはもらえる」と思っているようなので、若干《じゃっかん》〝怖い〟ところはあります。

当会のほうも、本当は損害がそうとう出ているのですが、そういった件で宏洋を訴《うった》えて、「私がその損害賠償《ばいしょう》を払う」というようなことになったらたまりません。父親が払わなくてはいけないということで、「しかたがないから、おまえの相続財産相当分、損害賠償を払うよ」というようなことになるのであれば、本当にバカみたいな話なので、このへんは、少し加減が難しいところです。このあたりには、何か混同しているところがあると思います。

彼が家のなかにいたときのことですが、大学に入った段階では、まだ、「『職員の給料は、パパがポケットマネーで払っている』と思っていた」と言っていました。おそらく、家のなかしか見ていなかったということでしょう。それ以外のところを見ていなかったからだと思います。そういうことを言ってはいました。

何か補足があれば、どうぞ。

離婚《りこん》の際、「パパについていきなさい」と言ったのは前妻だった

大川咲也加 では、私の覚えている範囲《はんい》で、今、ご質問のあったあたりについて、総裁先生よりも詳《くわ》しくお伝えできるところがあれば、お伝えさせていただこうと思います。

まず初めに、ご質問のあった、「この事実について訊きたい」というところで、例えば、「父母の離婚《りこん》のときに、子供五人全員一致《いっち》で、『ママについていったら、飢え死にする。パパについていこう』となった」とありますけれども、これは宏洋さんの記憶《きおく》違いです。

これは、母が私たちに言った台詞《せりふ》です。「ママについていったら食べていけるか分からないから、パパについていきなさい」と、母に言われました。

大川隆法　（笑）正直な方ですね。

大川咲也加　はい。正直な方だなと思いましたけれども、それに同調するかたちで、宏洋さんが、「そうだよね。ママについていったら飢え死にするよね。それはそうだ。ついていくならパパだよね」というような話をしていたのは覚えております。

といいますのも、母は、仕事を手伝っていたこともありますけれども、「私たちに対して、料理をしてくださった」という記憶がなかったため、母が「料理ができる」という保証はありませんでした。

それに加えて、母は、その経営感覚にも疑問を持たれていました。実際に、社会人の経験がないなかで結婚されて、〝先生〟になってしまったので、「いざ離婚して、一人で稼《かせ》いでいけるのか」というのは、誰もが不安に思っていたところです。

そのように、「料理も確実に怪《あや》しいし、『一人で稼げる』という確証もないなかで、ついていくのは難しい」というのは、宏洋さんも言っていましたし、ご本人も認めていたという状況です。それが、この言葉になっていると思います。

信仰《しんこう》を理解できなかった前妻のきょう子氏

大川咲也加　ただ、私たちとしては、それはもちろんそうですけれども、そんな理由で母についていかなかったわけではなく、もちろん総裁先生を信じているからこそ、「総裁先生のほうについていきたい」と主張しておりました。

あのとき、母はすでに、信仰《しんこう》という概念《がいねん》がちょっと理解できない状態でして、「総裁先生のご講演会に参加して感動し、入信して、結婚もした」ということが記憶の彼方《かなた》に飛んでしまって、「総裁と一緒に幸福の科学をつくり上げてきたから、私たちは共同経営者なんだ」というような認識でした。しかし、その点については、私たち子供たちから見ても、「いや、どう見ても共同経営者ではないよね」ということで認識は一致しておりました。

そして、母は、「私は総裁を信仰する必要はない。私は共に崇《あが》められる存在であって、エル・カンターレという存在があっても、私はその信仰をする必要はない」という認識でした。その認識に関しても、私たち、まあ、宏洋さんは分かりませんけれども、ほかのきょうだいとしては、「ママの考え方は間違っているよね」という見解で一致していました。

といいますのも、総裁先生は、母と結婚される前に、すでに幸福の科学を始められていますし、法を説かれていたので、母と結婚されていなかったとしても、この団体はできていたからです。さらに、そもそも総裁先生は誰かと結婚しようがしまいが、信仰の対象として、みなさまの前に現れる予定であったと、私たちは思っていたからです。

離婚《りこん》まで五年近くかかったのは、きょう子氏の改心を待ったから

大川咲也加　そうしたところの見解が一致しなかったことに加え、母は、経営判断がうまくいかなくなるというか、判断が少しおかしくなり始めていました。先生の

判断と全然違う判断を出すなど、弊害《へいがい》が出始めていたので、総裁先生は「まったく違う判断を勝手に出すようであれば、実権を持つ役職から少し遠のいてくれないか」ということをおっしゃったのです。これは、そうだと思います。

ただ、それに対して、烈火《れっか》のごとく怒りました。「私が今まで幸福の科学を経営してきたのに、それを何だと思っているんだ」と言って逆上したというのが、事実です。

それで、総裁先生は、母を嫌《きら》いになったから離婚《りこん》の話を進めたとか、そういうことは一切《いっさい》ありませんでした。「妻だけれども、仕事能力面で追いつかなくなってきた」ということを冷静に見極《みきわ》められて、第一線から離れたほうがよいのではないかと指摘《してき》されただけなのです。

にもかかわらず、母は、「私のすべてを否定した。私の仕事も否定したし、私自身の人格も否定した」と認識し、「こんな人がなんで神なんだ」というようなことを言い始めるようになりました。

そして、「パパは私を否定した」「パパは私のことが嫌いなの」、そういったことを何年も子供たちに言い続けるようになりました。そういった愚痴《ぐち》や不平不満に対して、「もういいかげんにしてください」というのが、子供たちの本音でありました。

私たちも、総裁先生を信じて教学を続けている身だったので、総裁先生への誹謗《ひぼう》中傷《ちゅうしょう》を家庭のなかで毎日聞かされるのは、非常に苦痛でした。

そういった面もあり、「これ以上、総裁先生を貶《おとし》める発言を続けるようであれば、少し距離《きょり》を置いたほうがいいのではないか」ということを、きょうだい全員の意向としてお伝えしました。

また、宗務スタッフのみなさまにおかれましても、「きょう子さんは、総裁先生への信仰が立っていない。自分が教祖だと思っている。自分の経営判断に間違いはないと思っている」ということを知っていたので、「奥《おく》さんであられるのは分かりますけれども、仕事の第一線から退《ひ》いていただいてはどうか」ということと、「総裁先生を信仰の対象として見られないのであれば、少し距離を置いてはどうか」ということを提案してくださいました。

その結果、宗務本部スタッフ、それから子供たちの意向もありまして、母は別居というかたちで、数年暮らしておりました。

そして、別居というかたちであったにもかかわらず、総裁先生はそれでも愛しておられたので、子供たちの様子を伝えに行かれたりしていました。宗務スタッフが、「もうあまり会いに行かないほうがいいです」と言っているにもかかわらず、子供たちの成績を届けに行ったりとか、一人で母とのやり取りを続けておられる状況でした。

そういったなかで、最後には離婚というかたちにはなってしまうのですけれども、総裁先生は最後の最後まで、「二十年間連れ添《そ》った仲なので、何とか活《い》かせないか。たとえ仕事ができないとしても、一緒にいられる道はないか」ということを考えておられました。

しかし、仕事が大きくなっていく上で、どうしても、やはり弊害になる面が大きくなってきて、総裁先生周りのスタッフの方々から見ても、「これはもう離婚したほうがよいのではないか」と思うような状況になりました。また、母が、外に対して総裁先生の悪口を言い始めるなどの弊害も出てまいりましたので、やはり、決着をつけるというかたちになっていきました。

ということで、宏洋さんは、週刊誌の記事によると、「父は別れたくないと言って、五年ぐらいウジウジしていた。結局、離婚まで五年近くかかった」というようなことを言っていますが、これは、「総裁先生は、五年以上も愛情をかけられ、慈悲をかけられ、改心の機会を待たれていた」というのが事実なのです。

母は、週刊誌上で暴《あば》れていたとき、(総裁先生に)愛人がいたとか、秘書との不《ふ》倫《りん》問題があったとか、あるはずのないことを言っていたんですけれども、この宏洋さんの発言は、まさにそれへの「打ち返し」であるとは思います。

実際、宏洋さんから見てもそういった情報はありませんし、私たちから見ても、そういった情報はありません。

ただ、総裁先生がお仕事をする上で、母が仕事についていけない状況が増えていたので、それに対して、仕事をサポートするかたちで、現地でセッティングする女性秘書とかがいたのは事実ですが、女性と二人でどこかに行ったりとか、そういった事実はございません。もちろん、男性秘書、女性秘書のチームで行っております。

要するに、「なぜか自分は海外出張に連れていってもらえない」ということで、「海外に女性を連れていくなんて、不倫をしているんじゃないか」とか憶測《おくそく》して暴れ始めたというのが、母の実態であります。

このように、「総裁先生という信仰対象をすごく傷つけた」という意味で、母は除名されてもしかたがないことをしてしまったと思いますが、「総裁先生は、最後まで愛されていた」というのが、私が見た事実でもあります。

再婚《さいこん》相手を選んだのは、あくまでも総裁自身

大川咲也加　また、再婚《さいこん》について、宏洋さんは、「総裁先生から『紫央さんと再婚

すればいいかな』と相談されて、自分が紫央さんを推薦しました」というように言っているようですが、これも間違っています。

総裁先生は、「子供たちにとっても、いちばんいいかたちは何なのか」ということをずっと考えてこられました。そのなかには、「離婚しない」という選択肢《せんたくし》もありましたし、「再婚」という選択肢もあったんですけれども、最終的には、総裁先生ご自身が、適任である方を見極められて、私たちがいちばん受け入れられるような方を選んでくださったのです。「子供たちにとって、よりよい人を」と思われて、私たちに「紫央さんはどうですか」と訊いてくださったのは、相談ではなくて、私たちへの愛情の言葉だったのです。

また、私が存じ上げているなかでは、結局、再婚の道は運命だったのかなと思うんですけれども、総裁先生は、離婚せずにいくことも考えておられた時期もありました。

でも、「その場合、咲也ちゃんは結婚できない」というように心配されていて、

「ずっと別居状態のまま、あるいは、再婚しないで独身のかたちでいった場合、咲也ちゃんが私の身の回りをずっとお世話する体制になる。そうすると、咲也ちゃんは一生結婚できなくなってしまうが、パパとしては、それは嫌だ。咲也ちゃんにも幸せな家庭を築いてほしい。老後、迷惑《めいわく》をかけないためにも、いい人を探そうと思っている」というように言ってくださっていたのです。

そういった意味では、子供たちの将来を思われて、子供たちによかれと思われて、いちばん相性《あいしょう》のいい、優しくて、的確な判断力もある、素晴《すば》らしい方を選んでくださったなと思っています。本当に感謝しております。ありがとうございます。

宏洋氏の発言には「記憶違《きおくちが》い」「思い込《こ》み」が多い

大川咲也加　また、宏洋さんは、私が後継者になったことについて、「〝家業〟に入る感覚ですね」と言っていますが、これは、いつもそうなんですけれども、「自分がそう思っていることを、さぞ人もそう思っているだろう」という感覚で押しつけてくる癖《くせ》があります。

私たちは、家業に入る感覚などありません。むしろ、信仰を持った一人の弟子《でし》として、先生をお支えすべく、当会にかかわらせていただきたいと思っておりますし、遺産とか、そんなものも全然考えたことはありません。

宏洋さんは本当に思い込《こ》みが激しい方でして、「飢え死にするからパパについていこう」と言ったのも、本当は母の発言から出てきたものです。

それから、記事の最初のほうに出てくる「『何事も一番でなければ意味がない』というのが、父からの唯一《ゆいいつ》の教え」というのも、そう（思い込み）です。『若き日のエル・カンターレ』（宗教法人幸福の科学刊）のなかにある、「顧問《こもん》先生が、小さいころの総裁先生に、『どんな田舎《いなか》の学校でも、一番の人だけは違《ちが》うかもしれないよ』と言って励《はげ》まされた」という話を、なぜか、自分が総裁先生に言われた話として、しかも、「一番でなければ意味がない」という発言に変わっているのです。

大川隆法　確かに、そんなこと、私は一度も言ったことはありません。

大川咲也加　だから、記憶違《きおくちが》いで、みなさんもご存じのような情報から、自分でこういう事実をつくり上げるという傾向《けいこう》があります。

また、記事では「ウサギを繁殖《はんしょく》させるのが趣味《しゅみ》で、三十匹《ぴき》以上飼っていた」というように言っていますが、最高でも十四匹なんですよね。三十匹も飼っていた事実はありません。

「数えられもしないのに、事実のように語るな」というところがあります。

このように、宏洋さんの言っている話はすべて、「思い込み」と「記憶違い」による証言になっているので、一つひとつ訊いていただければ、全部打ち返せると思います。

きょう子氏との離婚《りこん》は、教団の未来を考えた上での苦渋《くじゅう》の決断

酒井　私からも補足させていただきます。

まず、離婚《りこん》のところですが、当時もいた秘書として責任がありますので、お話ししたいと思います。

離婚に関して、宏洋氏は、「きょう子氏が『離婚したい』と急に言い始めて、父が『別れたくない』とウジウジしていた」というように語っていますが、こういう話ではないんです。

表面意識的にも、潜在《せんざい》意識的にも、もう「教団職員の総意」だったのです。みんな心を鬼《おに》にして、「先生、別れてください」「教団のために、将来のために、別れてください」ということを申し上げていました。

私は、きょう子氏を近くで見ていましたが、何かを思いついたらバーンッと買いまくるんですね。そして、たいてい半年もすれば、もうお蔵《くら》入りです。ガラクタの

山になってしまうんです。非常に感覚的に動いて、感覚的にお金を使って、「それをどう回収するか」というのはないんですよ。主婦だって、もっと家計の管理はしっかりしているものです。そこができていませんでした。

「こういった経営的な観点に関して、非常に危惧を持っていた」というのが、周りの職員です。

そういう状況で、先生に、「教団の未来を見据《みす》えて、離婚をお願いします」と、何人も何人も申し上げ、その結果、先生は苦渋《くじゅう》の決断をされたわけです。先生としては、できれば離婚せずに、教団を発展させる方法を考えておられたと思います。

ですから、「やはり、先生には、『泣いて馬謖《ばしょく》を斬《き》る』ではないですけれども、そういうお気持ちがあったんだ」というところは、先生のご慈悲《じひ》として認識しておかないといけないと思います。「普通に嫌いになったから離婚した」という、そんな単純なものではなかったのです。それは痛いほど分かりました。

再婚《さいこん》相手は、子供たちに相談する前に、すでに決断していた

酒井　二つ目ですが、宏洋氏は、「自分が推薦したから紫央さんと結婚《けっこん》したんだ」というようなことを言っています。これも事実ではありません。

それよりも前、先生が覚えていらっしゃるか分かりませんが、私は当時、宗務本部の長《ちょう》として、先生のご決断として「紫央さんに決めた。その理由はこうだ」という手紙を頂いたのです。

大川隆法　ええ。

酒井　ですから、それを頂いた時点で、先生はすでに決断されていました。ただ、決断されたけれども、先生は非常に慎重《しんちょう》な方ですので、お子様の観点とか、いろいろな角度からさらに相談されたのだと思います。そして、最後の最後、婚姻届《こんいんとどけ》を出

される日は、やはりご自身で判断されて出されていたはずです。

ですから、宏洋氏は、「自分がこの結婚を決めたんだ」「自分がオーナーなんだ」みたいな言い方をしていますが、これは、「本当に何も知らない」ということなのです。この間も霊言《れいげん》のときに言いましたが、彼は重要なときにいないのです。何も聞いてないのです。先生の発言も知らないのです。

そういうなかで、自分がかかわったことだけを誇大《こだい》表現して、「自分はオーナーだ」みたいなことを言っている。これは非常に軽薄《けいはく》な、浅はかな人間だと思います。

名誉《めいよ》欲や金銭欲にまみれているのは宏洋氏のほう

酒井　もう一つ、週刊誌には、「財産の取り分」という言葉が出ていますが、やはりこれは、私は「許せないな」と思います。

要するに、「今、自分が外に出て失敗しても、僕には遺留分があるから、お金はもらえる。幸福の科学のみんなは、これを分かっていないだろ」と言っているようなものですよね。彼は、そういう気持ちでいるのでしょう。「これだけ財産的な損害を親に対して与《あた》えていながら、遺留分を頂ける」と思っていること自体が、誤りです。

ですから、私が言いたいのは、宏洋氏は週刊誌で「名誉《めいよ》欲や金銭欲にまみれると、人生で一番大事なものを失う」と言っていますけれども、「これは、あなただろう！」「宏洋氏のほうだろう！」ということなんです。

総裁が前妻との離婚《りこん》に至った経緯《けいい》

酒井　だから、この記事は、実は、「彼の人生そのもの」なんですよ。「彼の失敗を、実は全部先生になすりつけて言っている」と理解したほうがよろしいのではないかと思います。

大川隆法　確かに、私の私費で、家を近所に建てたことは建てたのです。それは、家族のうちで教団のなかに残れない人が出てくる可能性もあるので、自宅を一つ持っておいたほうがいいかなと思ったからです。その場合には、そちらのほうに移動することが可能だからということで、建てたわけです。

それで、結局、きょう子さんが大悟館《たいごかん》から出されて、そこで住んでいたのです。まあ、お手伝いの人が入ってはいたんですけれども。

でも、最後のほうでは、向こうのほうも頑張って、私に、「こちらの家に住んで、大悟館のほうに出勤すればいいんだ。会社みたいに出勤して、その間だけ仕事をしたらいいんだ」と言うので、そちらで一緒に住んだこともあるんです。

しかし、住んで四日目の木曜日だったかと思うのですが、咲也加と裕太《ゆうた》の二人が、夜の八時ぐらいに直談判《じかだんぱん》に来て、応接間で、「パパ、帰ってきてください。やっぱり、パパがいないと困る。僕らだけでは、生きていくのは大変だから、パパ、帰ってきてください」と言ってきたのです。

しかし、「秘書たちがいる宗務本部のほうと一緒に住むかたちにしたら、ママが離婚《りこん》すると言っているから、通うかたちならいいけど、そちらには行けない」ということで、いったん二人を帰したのです。そのあと、十一時ごろに、寝《ね》ようとしていったん布団に入ったのですが、やっぱり子供たちがちょっと心配になって、家を出て大悟館に帰ったのです。

それが結局、最後の別れになりました。

まあ、彼女は秘書団と、そうとうぶつかっていたということです。私のように寛《かん》容《よう》ではないので、激しくぶつかっていました。

でも、子供たちには、やはり、誰か保護者が必要なので、最終的には、子供たち五人を護《まも》るためには、私が残らなければいけないと考えて、結局、離婚になったわけですけれども。

向こうは、「離婚しないでほしい」と、外まで出てきて叫《さけ》んではいたんですけどね。「キリスト教の『聖書《せいしょ》』によれば、妻を離婚して、再婚させる人は、姦淫《かんいん》させるのと同じだというような言葉がある」とか言って、外へ出て叫んでいたりして、恥ずかしかったのです。

やはり、教団への責任もあるし、子供たちはまだ成長していませんでしたので、一人は親が残らないといけないという気持ちで、私は、子供たちのところへ帰ったのです。

「パパについていきなさい」という言葉の真意

大川隆法 それから、咲也加の記憶によれば、きょう子さんのほうが、「子供は飢え死にするから、パパと一緒にいたほうがいい」というようなことを言ったということですが、それは、もしかしたら、「子供を置いていったほうが自分が再婚しやすい」と思ったのかもしれないと思います。

というのも、私が二〇〇四年に大病をして、医者から「もう死ぬ」と言われたころに、昔、彼女の家庭教師をしていた東大理Ⅲ出身の男性のお医者さんか誰かとメールで頻繁《ひんぱん》に連絡を取っていたようです。極めて親しげにしていたようで、「あなたと私は、過去世《かこぜ》から深い縁《えん》があるのではないか」というようなメッセージを送ったりしていたようです（注。なお、相手の医師に、何者かから嫌がらせのメールかファクスが送られてきたことがあり、きょう子氏はそれを総裁の命を受けた者の仕《し》業《わざ》だと妄想《もうそう》し、元秘書に指示して、ほかの職員や医師の住まいの近くの支部の信者を調査させたことがあった）。

それは、私が最近聞いたことであり、十年近く知りませんでした。

本来はその人を追いかけていたのかもしれず、私はたぶん二番手で、〝滑《すべ》り止め〟のスペアだったのかもしれません。私も、医者から「死ぬ」と言われたころに、あっさりと見切られていたというのは、驚《おどろ》きでしたね。

ちょっとそんな話があって、冗談《じょうだん》交じりに言っていますけれども、彼女には、ちょっとそんな考えもあったようなので、もしかしたら、「子供を置いていったほうが再婚しやすい」と思ったのかなという気もします。

大川咲也加　そのときは、やはり、「ママについていったら駄目だから、パパについていきなさいね」なんて、母親が言うかなと、ちょっと思いましたけれども（笑）、実際にそう言われた記憶はございますし、まあ、「飢え死にするよね」っていう話で一致したのは覚えております。

また、総裁先生から、先ほど私邸《してい》のお話がありましたけれども、母のほうが、「ちょっともう、信仰とは距離を置きたいし、教団とも距離を置きたいけれども、先生は好きだから一緒に住みたい」と言い始めまして、「別居ではなくて、私邸のほうで一緒に住みましょう。教団はもう放っておいて、私たち二人で住みましょう」みたいなことを言っていたのです。

総裁先生は、それを説得するかたちでもありながら、ちょっと様子を見に行かれて、三日ほどそちらの私邸のほうにお泊《と》まりになったのですが、その間《かん》、私たち子供だけが大悟館に残されるかたちになりました。それで、「これはやっぱり、ちょっと変だよね」という話になり、子供たちのほうから、大悟館の主《あるじ》である総裁先生を呼び戻《もど》しに行こうという結論に至りまして、私たちが呼び戻させていただきました。ただ、そのときの結論は、総裁先生ご自身でお決めになったものです。「やはり、大悟館に戻ろう。弟子のために働く人生を取ろう」と、ご自身で決断されて、戻ってこられたというのが事実です。

私たちは、ただ声をかけに行っただけであって、最終的に決断をされ、そこで最後の別れになると分かっていながら、母とお別れになって、教団の仕事に戻られたのは、総裁先生のご判断です。私たちは、ただ、「パパと一緒にいたい」という幼心で、そういうふうにお伝えさせていただいただけであり、私たちが総裁先生を引き戻したわけではございません。

海外巡錫《じゅんしゃく》や映画公開前に邪魔《じゃま》をするやり方は、きょう子氏と同じ

大川隆法　これは、遺伝子なのかどうかは知らないけれども、きょう子さんは私のインド巡錫《じゅんしゃく》（二〇一一年）のとき、私がインドに行く当日にマスコミを百人も呼ん

で記者会見をして、ワアワアやっていたので、「何か、すごく嫌なタイミングでやるな」と思いました。

宏洋も、去年、私のドイツ巡錫のときに、何か、盛《さか》んにマスコミを騒がすようなことを言ったりしていました。ドイツにまで、広報局から、「（宏洋氏が）こんなことをやっている」みたいな嫌なファクスやメールがいっぱい来て、本当に邪魔《じゃま》というか、嫉妬《しっと》しているのかなと感じました。

今回も、来週から海外巡錫に出る前に、また同じタイミングで、こんな記事を出してきました。明日《あした》（二月二十二日）は映画「僕の彼女は魔法使い」の公開もありますので、それもあるのでしょう。映画公開と海外へ行くことは、情報としては出ているのだろうと思いますが、そのタイミングでいつも来るので、何か、（きょう子氏と宏洋氏は）親子でいちばん似ているのではないかと思うところはありますね。

今日、こういう会見をするのも、イレギュラーなんですけれども、ちょっと一週間ほど、来週からいなくなりますので、その間に、またほかの週刊誌等がいろいろ

●ドイツ巡錫　2018年10月7日、ドイツ・ベルリンで、“Love for the Future《ラヴ フォー ザ フューチャー》”と題して英語講演および質疑応答を行った。『Love for the Future』（幸福の科学出版刊）参照。

突《つ》いてきたりしたときに答えられないと困るので、あらかじめ職員のみなさんにも聞いておいてもらおうという趣旨《しゅし》です。

信者からいろいろ訊かれたときに答えられないと困るだろうし、ほかのマスコミ等が来たときのための予備知識を、もうちょっと持っておいたほうがいいと思って、わざわざこういうことをやっています。

私が海外にいると、訊きたいことも訊けないし、送ってくるファクスは、もう、実に嫌なものばかり来ますからね。週刊誌のコピーなどがいっぱい送られてくると、本当に腹が立ちます。

「明日、説法《せっぽう》をしなければいけないのに、なんでこんなものが送られてくるんだ」ということや、その日の朝に来たりすることもありますから、本当に嫌なものです。今は機械が発達しているので、どこにいてもやってきます。広報局も、普段は全然働かないのに、こんなときに限ってたくさん送ってくるので、もう、本当に嫌だなと思います。ドイツでも、すごく緊張《きんちょう》しているときに、変なものばかりいっぱい送

●一週間ほど……　2019年3月3日、台湾を巡錫《じゅんしゃく》し、「愛は憎しみを超えて」と題して講義と質疑応答を行った。『愛は憎しみを超えて』（幸福の科学出版刊）参照。

ってくるのです。そういうときに限って暴れたくなるんでしょうね。

だから、本当は、「裏につながっているもの」が、やはり、邪魔をしようとして、かき混ぜているのだろうなとは思いますけどね。

6　本当は「後継者《こうけいしゃ》」になりたかった宏洋氏

酒井　「週刊文春」の記事のなかで、明らかに間違《まちが》っている論点が、もう一つあります。

「父の後を継《つ》ぎたい、宗教の仕事をしたいと思ったことは一度もありません」と、記事で彼は言っていますが、彼は、「二代目ができるのは、僕《ぼく》と裕太《ゆうた》だよ」と言っていました。また、「僕は、もう二十年間待たないといけない。二十年後にはやりたいことができるから、二十年間待つことにしたよ」と言っているのを、去年（二〇一八年）ぐらいに何回も聞きました。

彼は、本当はやりたいんです。総裁先生から〝駄目出《だめだ》し〟をされたので反発していますが、やはり「後を継ぎたい」「宗教の仕事をしたい」というのが、彼の本心です。

信仰心《しんこうしん》がないのに後を継《つ》ぎたがるのは「地位欲・名誉《めいよ》欲・金銭欲」ですね。

大川隆法　もし、信仰心《しんこうしん》がないのだったら、それこそ、「地位欲・名誉《めいよ》欲・金銭欲」ですね。

酒井　そうですね。

大川隆法　もし信仰心がないならね？

酒井　信仰で継《つ》ぎたいのか、お金で継ぎたいのか、それは分かりませんけれども。

中学時代から素行が悪かった宏洋氏

里村　今、酒井さんからも少しお話があった、後継者問題《こうけいしゃ》についてなのですが、マスコミや信者さんからの質問で、「宏洋さんは後継者ではなかったのですか」と、いまだに誤解している方がいらっしゃいます。広報局としても、基本的には、「宏洋氏を後継者と決定したことは一度もありません」とお答えしておりますけれども、この後継者について、どのように総裁先生が考えていらっしゃったのかということを、少しお聞かせ願えればと思います。

大川隆法　先ほど、「彼は中学受験と高校受験のときに、二回、実母に廃嫡《はいちゃく》されている」と言いましたが、私のほうは、能力がないかどうかの判定は別として、親子関係まで切るレベルではないし、東京の進学校の受験などは落ちる人のほうが多いぐらいなので、当たり前のことであり、それだけで決めてはいけないですし、その後に変わってくる人もいますからね。

「大学以降によくなる場合とか、社会人になってからできるようになる人もいるから、そんなに簡単に決めるべきものではない」と思って、私のほうは廃嫡していないので、親子関係は残っていたのです。しかし、前妻のほうは暴《あば》れていましたから、一定の距離《きょり》を取らざるをえなくなったところはありました。

ただ、彼自身が反省すべき点は幾《いく》つもあります。中学受験に落ちただけではなくて、その反動もあったのかもしれませんが、やはり、中学時代も、かなり素行が悪かったところがあります。

学大（東京学芸大学附属竹早《ふぞくたけはや》中学校）という進学校に行ったにもかかわらず、それまで学校にまったくなかった「外泊《がいはく》カルチャー」というものをつくって、友達の家に順番に泊《と》まり歩くということをし、それをほかの人もまねし始めたりしたことがあります。

さらにもう一回、青学《あおがく》の高等部でも同じことをしました。「泊まり歩くカルチャー」をつくって、夜に何をしているか分からないような状態をつくったりしていましたので、そのあたりは、多少、前妻だけを責めるわけにはいかない部分はあったかなと思います。

彼は、中学あたりから、もう眉《まゆ》を抜《ぬ》いて、眉がなくなったり、何か変なものをぶら下げたり、いろいろし始めていました。いわゆるヤンキースタイルか何か知りませんが、やり始めてはいましたね。私は、親子の縁《えん》は切っていなかったのですけれども、そういうこともありました。

学生時代の宏洋氏を映画の仕事に従事させた理由

大川隆法　「せっかく教育したのだし、大勢の人がかかわってきたので、何らかのかたちで仕事の一端《いったん》なりとも手伝ってもらえればいいな」というぐらいに思ってはいたのですが、どういうかたちでできるかは分からないため、「後継者にする」という感じの決め方は、実際上、できていない面はあったと思います。

ただ、「どこかを部分的にでも手伝ってもらえないか」という気持ちはありました。

大学に入ってからあと、彼は学生部ではまったく活動していなかったので、妹（大川咲也加）が気を回して、「お兄ちゃんに何か仕事を少しつけたほうがよいのではないか。アニメなら分かるのではないか」と言いました。

当時、「仏陀再誕《ぶっださいたん》」（製作総指揮・大川隆法／二〇〇九年公開）というアニメーション映画を、二年間かけて製作していたのですが、「映画にかかわらせたら、仕事を手伝えるようになるのではないか」というようなことを妹が言ってくれたので、彼を入れたのです。

ところが、彼を入れたら、それまでの二年間に書いたもの（アニメ原画）を全部反故《ほご》にし、「一年でやり直し」のような感じになって、製作費がそうとうかかったと思います。ただ、そのときには、彼のわがままを通してしまいました。

彼は、その映画に、やや〝不良キャラ〟で、自分の身代わりのような人を登場人物として出してきました。当会の映画では、通常、ああいうキャラは出さないのですが、アニメ映画「永遠の法」（製作総指揮・大川隆法／二〇〇六年公開）に出てくる、パーフェクトな男女のカップルが彼はいちばん嫌《きら》いらしいのです。

「それは別に世界標準ではないよ」とは言ったのですが、ブラジルなどでは映画「永遠の法」はすごくほめられていました。「九次元まで行くのなら、そういうキャラでないといけないから」ということなのです。

しかし、彼は、髪《かみ》をクシャクシャにした、少し変なキャラの人物を入れて、「これが共感を呼ぶんだ」という感じのことを言っていて、仕事上、ゴタゴタがありました。

また、アニメ映画「神秘の法」（製作総指揮・大川隆法／二〇一二年公開）のときには、「ファイナル・ジャッジメント」（製作総指揮・大川隆法／二〇一二年公開）という実写映画の企画《きかく》をいきなりぶつけてきて、「これをやろう」と言うので、ダブルの映画製作になり、予算をかなりオーバーしました。

●次元　あの世（霊界）では、各人の信仰心や悟《さと》りの高さに応じて住む世界が分かれている。地球霊界は四次元幽界《ゆうかい》から九次元宇宙界まであり、地獄界は四次元のごく一部に存在している。『永遠の法』（幸福の科学出版刊）等参照。

当時、彼はまだ学生だったと思うのですが、映画「ファイナル・ジャッジメント」をつくるには七億円ぐらいもかかり、本当にトゥーマッチ（高額）でした。まだ金額のことが見えていなかったのだろうと思うのですが、自分がやれる範囲《はんい》がどのくらいかが見えていなくて、何億円もの映画をつくれると思っていたようです。

この映画については、かなりの部分に修正を入れ、実現させてはやりました。

宏洋氏は映画を通じて「自分の願望」を実現しようとしていた

大川隆法　映画「仏陀再誕」には、仏陀が（霊的《れいてき》な）羽を撃《う》たれて穴だらけになる場面があります。あれは彼の案です。「完璧《かんぺき》なままではいけないから、少しは傷ついたほうがいい」ということで、「血を流せ」という感じだったのです。

映画「ファイナル・ジャッジメント」では、主人公の父親が〝首吊《くび》り〟にされるシーンを（脚本案《きゃくほん》に）入れられました。あまり気持ちのよいものではないですが、これは彼の自己実現です。潜在《せんざい》意識がやりたいことなのだろうと思いますが、父親が息子《むすこ》に散々やられる感じです。そして、「実は息子のほうが救世主だ」というようなストーリーだったのです。

このように、彼は自分が（救世主として）立てるようなストーリーをつくっていました。私は、「かなり勝手にやっているな」と思いながら、そうとう我慢《がまん》していたのです。

また、実写映画「君のまなざし」は、彼の脚本では結局、「息子だけが滝行《たきぎょう》の修《しゅ》行《ぎょう》をやって霊能力《れいのうりょく》をつけ、霊能力のない父親がその息子を使って神職《しんしょく》をやっている」というようなつくりになっていました。

全部、彼の願望です。願望でつくったものなのです。

この映画での彼の父親も、念力《ねんりき》で壁《かべ》にぶつけられたりして、（父親役の）黒田《くろだ》アーサーさんはえらい目に遭《あ》っていましたが、あれも彼の願望でしょう。

その次の実写映画「さらば青春、されど青春。」では、結局、彼が書きたかったのは自伝です。彼の書いた脚本では、私の人生ではなく彼の人生になっていたので、

「残念ながら、今、君の人生を映画で観《み》たい人はいないよ。こういうものはつくれない」と言いました。

彼の書いた脚本では、私はもう学生時代に同棲《どうせい》し、子供ができて大変であることになっていたので、「勘弁してほしい。これを観た人に、『本当のことだ』と思われると困る」と言って私が採用を拒否《きょひ》したのです。

そのあと、いろいろな人が何作か脚本を書いたのですが、（三男の大川）裕太が書いたものを使いました。ただ、三百数十ページもの大作を書いてきたので、それを監督《かんとく》ともう一人の方が短くして脚本にし、（映画館で）上映したのです。

宏洋としては、自分が書いたものではないから不本意で、納得《なっとく》がいかないような感じであり、〝ふてくされ〟の演技を主役でやったため、周りからのブーイングがすごかったわけです。

このあたりについては、「大人になっていない」というか、「大きな映画で主役を取ることの重さを知らなかった」ということです。普通《ふつう》は、させてもらえるものではないのです。

映画「ファイナル・ジャッジメント」で主役を演じた方は、まだ大作で主役を取れるような方ではなかったため、メイキング映像で、「私のような者を、こんな大作映画の主役に選んでいただいて」と感謝の言葉を述べていました。

そのくらいの大きなものだと思います。当会の映画は日本の映画としては十分に大きいレベルなのです。

宏洋には、「総裁の息子だ」ということで、わがままだったところがあったのではないかと思います。

映画「仏陀再誕《ぶっださいたん》」の挿入歌《そうにゅうか》への姿勢が示した「独裁的性格」

大川隆法　ただ、学生時代には、大目に見て、かなり我慢したところもあります。
映画「仏陀再誕《ぶっださいたん》」に出てくる歌には、私が書いた歌詞を、彼が勝手にけっこうグチャグチャと直しているところがあります。「漢字が難しいから分からない」と言って、自分が分からないような漢字の言葉を、ほかの言葉に書き直したりしているのです。

また、最後の英語の二行が、なぜか違う英語になっている歌詞もあるのですが、私は説明をまったく受けていないので、（事情が）分かりません。

その映画では、「Love Fight《ラブファイト》」（作詞 大川隆法／作曲 大川隆法・水澤有一）という曲もつくりました。小田《おだ》（正鏡《しょうきょう》）さんなどが、「戦闘《せんとう》シーンのところで、これをかけられるのではないか」と頑張《がんば》って言っていたのですが、宏洋のほうは「かけたくない」ということでした。結局、テレビ映像として一・五秒ぐらい流れただけだったのです。

（その曲を歌っている）トクマさんは、家族と一緒《いっしょ》にその映画を観て、「パパ、一・五秒だったね」と言われたようです。一・五秒にまで縮めたのです。

宏洋はB'z《ビーズ》が好きで、「B'zに歌をつくってもらいたい」と考え、夏から半年ぐらいB'zを追いかけていたのですが、逃《に》げられました。

それで、B'zの稲葉《いなば》（浩志《こうし》）さんの守護霊《しゅごれい》を呼んで（私の体に入《い》れ）、私があの歌の詞と曲をつくったのですが、宏洋は、そんなものでは気に食わないから、映画のなかで一・五秒しか流さなかったのです。そういうこともやっていました。

そういう性格の人なので、社長をしたら、もっと独裁的なことをするだろうと思います。

「子供っぽい」と言えば、子供っぽいのだと思いますが、映画の製作では大勢の人が動きます。実写でも百人ぐらい、アニメだと六百人ぐらいがかかわっています。お金もかかっていますし、信者を動員していますし、寄付もしてもらっているので、やはり、もっと責任感を持ち、誠実な仕事をしなくてはいけないと思います。

大学卒業後の「リーダー教育」に反感を持った宏洋氏

大川隆法　彼が大学を卒業してからのほうが、私は仕事面で厳しくなっています。学生時代の彼には少し甘《あま》くしていたと思いますが、卒業してからは厳しくなっているのです。

子供時代には、父親としての面もあるので、家族として育てているところもありましたし、勉強や運動、交友関係ぐらいしか、あまり見ませんでした。

しかし、仕事になったら、だんだん厳しくなってきています。宏洋は、父親の仕事の面での厳しいところを、おそらく知らなかったと思います。どのくらい厳しいかを知らなかったと思うのです。

これから、だんだんに厳しさを教えていくところでしたし、それには、彼が四十歳《さい》ぐらいになるまでかかるのではないかと思っていたのですが、彼は一年ぐらいで、もう〝出来上がって〟しまい、自分は仕事がよくできるような気になっていたというところでしょうか。

商社勤務時代に、後輩《こうはい》たちは、私のことを、「本当は、かなり厳しい人だと思う」と言っていました。「口は優《やさ》しいけれども、やっていることは厳しい」ということを言っていたので、実際、私は仕事の面で厳しい人なのだろうと思います。

仕事で要求される水準もありますし、だんだん大人になって一人前に扱《あつか》われ始めたら、子供なら許されていた部分が許されなくなってきて、次第に、「一般《いっぱん》職員よりもよくできるぐらいにならないと、リーダーとしては置いておけない」という感じになってくるのは当たり前のことです。

そういう教育が始まってきていたところだったのですが、少し教育が始まったら、彼は、「父は頭が固くなった」と感じ、「これを取り除《の》けないと、できない」という感じになったのです。

幸福の科学の映画は有名監督《かんとく》の作品とも戦っている

大川隆法　彼は、「エンタメの延長でやれる」というぐらいのつもりでいたのではないかと思います。しかし、こちらは、これだけ多くの映画をつくり、研究もそうとうしているので、やはり目が厳しくなってきています。

●三木《みき》（孝浩《たかひろ》）監督《かんとく》の守護霊霊言《れいげん》も出しましたが、先日、「フォルトゥナの瞳《ひとみ》」（二

●三木（孝浩）監督の……　『青春への扉《とびら》を開けよ　三木孝浩監督の青春魔術《まじゅつ》に迫《せま》る』（幸福の科学出版刊）参照。

〇一九年二月公開／東宝）という、彼の最新の作品を観ました。そして、「私だったら、このようにストーリーを変えるな」などと考えました。

もう、鑑賞《かんしょう》するだけではなく、「つくる側」の視点で作品が見えるようになってきていて、目が厳しくなっているのだと思います。

「よい監督だ」と思っていた人の仕事であっても、「粗《あら》が見える」というか、「ここは、私だったら、こうはしないな」と思うところが、たくさんあることはあるのです。

先週●、「フォルトゥナの瞳」が一位でしたが、今週末から当会の映画「僕の彼女は魔法使い」の公開が始まり、「フォルトゥナの瞳」とのトップ争いに必ず突入《とつにゅう》します。どちらかが一位で、どちらかが二位になる可能性が高いと思います。

あちらはONE OK ROCK《ワン オク ロック》の歌を主題歌に使っているので、「ONE OK ROCK vs. 大川咲也加の歌および千眼美子《せんげんよしこ》のイメージソング」というかたちで、音楽の勝負までもが週末に来るのです。

●先週、……　興行通信社提供の「全国週末興行成績（2019年2月16日、17日）」で「フォルトゥナの瞳」が第1位を獲得した。

要するに、もう「プロ 対 プロ」になってきつつあるわけです。

●大友《おおとも》（啓史《けいし》）監督の守護霊霊言も出していますが、映画「宇宙の法―黎明編《れいめいへん》―」（製作総指揮・原案 大川隆法／二〇一八年公開）の公開時には、一週目、二週目とも、映画「宇宙の法―黎明編―」が一位で、大友監督の映画「億男」（二〇一八年公開／東宝）は二週続けて二位でした。

かつては尊敬していた監督たちの作品とも、今では十分なライバルとして戦っています。今週末も戦います。こういうことになってきているので、要求レベルは当然上がっているわけです。

「プロ 対 プロ」の戦いになって、要求レベルは上がっている

大川隆法　宏洋は「自分はいじめられている」と思うのかもしれませんが、要求レベルが上がっているのです。

当会の役者のレベルはと言うと、千眼さんは十年やっているからプロですが、ほ

●大友（啓史）監督の……　『映画監督の成功術 大友啓史監督のクリエイティブの秘密に迫る』（幸福の科学出版刊）参照。

かは新人に毛が生《は》えたような人ばかりです。よそは、もう少しいい役者を使っているのですが、いい役者を使っている作品に対し、当会は、「ストーリー構成」や「音楽」など、いろいろとひねりを入れ、作品で戦おうとしている状況《じょうきょう》なので、要求は厳しくなります。

映画「さらば青春、されど青春。」も、作品としてはよくできているのです。主役（宏洋氏）の演技には、ところどころ、「これは下手《へた》だな」と思うところがあることはあるのですが、作品としては、そこそこ、よい作品なのです。

そのため、今、本当に「顔だけを〝吹《ふ》き替《か》え〟られないか」と思ったりしているのですが、そうはいかないでしょうから、作品として、もったいないわけです。大事な作品を穢《けが》されて、本当に困っています。

要するに、いよいよ、「プロ 対 プロ」になってきているのです。昔はアニメを中心にやっていて、アニメ監督がいれば、作品ができました。だいたいコンセプトを言っておけば、つくってくれたのですが、今は作品全体に責任を感じて仕事をしているので、もう「プロ対プロ」の戦いになっていると思います。

そのため、要求が厳しくなっており、「主演をやろう」「脚本を書こう」としている人に対する目が厳しくなるのは当たり前のことです。以前には、とにかく（映画館に）かかればよいぐらいに思っていたところがあったのですが、今はそうではありません。

別に、アカデミー賞などが欲《ほ》しくてやっているわけではないのですが、意気込《ご》みとしては、「宗教がつくった映画だから駄目なのだ」と言わずに、「宗教がつくった映画だけれども、映画として、けっこう一流まで行っているな」と言われるところまでは、やはり、やりたいと思います。そういう意地はあるので、頑張っているのです。

だんだん認められるようになるでしょう。あと、二、三年、上映を続けたら、そのようになるだろうと私は思っています。

彼は、「自分は弾《はじ》き出されている」と思うかもしれませんが、仕事レベルとしてトップが要求しているレベルはこのあたりなので、「自分はそれに届いていない」という現実に目を向けないのは問題だと思うのです。

宏洋氏に悟《さと》ってほしかった「自身の実力」と「甘《あま》さ」

大川隆法　彼が「自分はキムタクぐらいできる」と思っているなら、別に、当会でやらなくても、ほかのところに出られるはずですから、出たらよいでしょう。

実際、去年の一月ぐらいからは、「当会の仕事はしなくてよいから、自由に、ほかのところのオーディションを受けてもよい。映画だろうがテレビだろうが出てもよい」という条件で、当会から給料を払《はら》いながら、九月ぐらいまで自由にやらせていましたが、仕事を取れていないのです。

その後、取れていないにもかかわらず、「職員を辞《や》めたい」と言い出しました。要するに、「(幸福の科学の) 職員だから仕事が取れないんだ」というようなことで、これは、いわゆる「他人《ひと》のせい、環境《かんきょう》のせい」ですね。「職員だから取れない。『幸福の科学と決別したんだ』と言えば、仕事が来る」と思って、今、暴れているわけです。

そして、マーケティングとしては、教団の〝悪口マーケティング〟で、「教団のアンチのところのマーケティングで、つかまえる」「映画などでも、地獄《じごく》的なものはたくさんあるから、そこだったら、悪霊憑《あくれいつ》きのままでも演技できる。脚本だって書ける」というように思って、今、やっているところだと思います。

ただ、映画の公開直前にこういう記事を出してくるところを見れば、今の仕事も順調にはいっていないのだろうと推定はしています。今の仕事では、家賃と従業員の給料を払えるわけがないとは思うのです。

こちらとしては、悟《さと》ってほしかったのです。「自分の実力のほどを知ってほしい」と思っていました。「『教団で使ってもらっているので、それでできている』というだけなのだ。その間に、プロにならなければいけないのだ」というところを見ているのに、もう出来上がってしまったのです。

今、苦労しているでしょうけれども、「一作、二作、出ただけで、プロのつもりでいるところが甘《あま》い」というところを知ってほしいと、私のほうは思っている状況ですね。

「よそで、どこでも出られるような人、主演級を取れるような人に手伝ってもらう」ということになれば、こちらのほうも、もうちょっと態度を低くして、「ぜひとも、お願いしたい」と言わなければいけませんが、はっきり言って、そのレベルではないでしょう。ほかは、どこも採ってくれないはずです。当会だから、主演だろうが脇役《わきやく》だろうが、やらせてもらえているのです。

ただ、公共の場で映画がかかる以上、やはり、一定のレベルは要求されます。そうでなければ、「教団の支部だけで、かけていろ」と言われるでしょう。会員が観るだけだったら、支部や精舎《しょうじゃ》でかければよいのであって、やはり、公共の場でかける以上、そのレベルとしては、それだけの必然性は要《い》ると思います。

少し余計なことを言いました。

大川咲也加　いいえ。

公式に「長男が後継者《こうけいしゃ》」と言われたことは一度もない

大川咲也加　時間が長くなってしまって申し訳ないのですが、私のほうからも、一点、言わせていただきたいと思います。

私の知っている範囲内では、「後継者《こうけいしゃ》は宏洋さんだ」と言われて育ったという記憶《きおく》はございません。

記事では、「ほかの弟妹《ていまい》は『後継ぎのお兄ちゃんを支えなさい』というように言われていた」とありますけれども、私の記憶では、「お兄ちゃんの受験があるから静かにしなさい」とか、そういうことは言われていました。しかし、ほかには言われた記憶はございません。

むしろ、「お兄ちゃんがあまりに素行がよくないから、ほかの子たち、しっかりしなさいよ」と言われていた記憶はたくさんあります。

もし、彼が、「後継者と言われていたのに外された」と言っているのであれば、それは、以前にもお伝えしたように、「長男であるから、当然、後継ぎにしたい」という実母の思いで、教団の決定ではなく、実母のほうが、「長男だから後を継いでほしい」「あなたが後を継ぐのよ」と言い聞かせていたという事実は、もしかしたら、あるかもしれません。ただ、教団として発信したことは一度もございません。

総裁先生におかれましても、「大川家の教育方針」とか、「家訓」とかを何回も出されていまして、そのなかで、「勉強だけでなく、人格が優《すぐ》れていて、いろいろな人の支持を得られる人でないと、後継者には認定できない」ということを、常々おっしゃっていました。

去年、初めて、後継者の話が出ましたけれども、それ以前には、私も含《ふく》め、ほかのきょうだいに対して、「あなたが後継者の予定だ」と正式に言われた記憶は一度もございません。

私たち五人全員が、総裁先生のお手伝いをするという意味で、後継者になる可能性はあるけれども、万が一、みんなが駄目だった場合は、ほかの方に後をお願いする可能性も十分あるというように聞いております。

また、信仰がない者に後継の資格がないのはもちろんのことなので、そういった面においても、信仰のない方に後継者だと言っていたという事実はないと思います。

「きょうだい間で憎《にく》しみ合っている」という事実はない

大川咲也加　また、「宏洋さんがいなくなってから、弟妹たちが野心を膨《ふく》らませ、『自分が一番』と自己主張するようになり、喧嘩《けんか》の回数が目に見えて増えた」というように記事で言われていますが、そういった事実はございません。

むしろ、宏洋さんが来るたびに問題をふっかけてくるため、宏洋さんが来る日は「何か問題が起きる」ということで、全員集合がかけられて、宏洋さんに備えて、みんなで対応するということが、多々ございました。

宏洋さんが後継者ではなくなったから、ほかのきょうだいの仲が悪くなったとか、自己主張するようになったとかいうことではなく、「宏洋さんがあまりよくない分、自分たちが頑張らなければ」という思いから、特に、男の子たちは、「より自分がお役に立たなければ」という思いが強くなったということだと思います。「より総裁先生のお役に立てるのは、どちらだろう」という、中学生なりの切磋琢磨《せっさたくま》のようなものはありましたけれども、それは普通の家庭でもあることでしょう。きょうだい間における、普通の、正当な切磋琢磨はありましたが、「憎《にく》しみ合っている」とか、「喧嘩の回数が増えている」とか、そういった事実はございません。

事実、私の結婚式《けっこんしき》が二〇一五年にありましたけれども、きょうだい全員で出席してくださっています。そのときは、まだ宏洋さんもいらっしゃったので、全員で祝ってくれたという温かい思い出もございます。

そうしたときも、ほかの親族の方に、「ごきょうだい、ご家族みんな、仲がいいんですね」というようにお声をかけていただいたという事実もありますし、「仲の良いきょうだい」というのは、私の自慢でもあったので、今の状況は、信者のみなさまに対しても本当に申し訳ないですし、残念な気持ちでございます。

総裁の本質は「法」

大川咲也加　私自身も、ほかの弟妹や兄に対して嫌いなどといった思いは一切《いっさい》ございませんし、実母である方についても嫌いになったわけではありません。産んでくださったことに感謝はありますし、育てていただいたことにも、もちろん感謝しております。

しかし、信仰という価値観の違いにおいて、道が分かれてしまったことについては、致《いた》し方ないと理解しております。

この先、宏洋さんはどうなるのかは分かりませんが、決して、宏洋さんを嫌いだとか、憎んでいるとか、そういう意味でご指摘《してき》しているわけではなくて、信仰者の立場で価値観の違いがあるという上で、今、線を引かせていただいているということです。

週刊誌などは、そういうことで書き立てますけれども、そういう事実はありませんし、一見、枝葉と見えるようなところから、信者のみなさまにも疑いを植えつけていくのが悪魔の手法であるので、いわゆる家族問題であるとか、そういった些細《ささい》なことで心を揺《ゆ》らさずに、総裁先生の教えのほうを見ていただきたいと思います。

また、私たちきょうだいも、まだ修行中の身でありますので、私も含め、まだ失敗もありますし、過去、いろいろ間違いを犯《おか》してきたこともあると思います。それによって、信者のみなさまを落胆《らくたん》させてしまうこともあるかもしれません。

ですが、私たち子供たちが駄目駄目であったとしても、それにおいて総裁先生の価値が下がるということはございません。

総裁先生の本質というのは「法」であり、総裁先生の説かれている法、これがすべてであり、総裁先生の説かれている教えを学んでいくことが、信仰者の立場だと思います。

ですから、その周りにいる私たちが至らない身で、何か不祥事《ふしょうじ》を起こしてしまったとしても、それは私たちが猛省《もうせい》しなければいけないことであって、それによって、「総裁先生は間違っている」などといった論理にはなりません。そこは、よろしくお願いいたします。

長々と申し訳ありませんでした。

里村　ありがとうございました。

7　宏洋氏の性格と行動に見る〝金正恩《キムジョンウン》性〟

竜の口　この週刊誌の記事には、リビングでのお食事のあとに、少しでも私語をすれば「うるさい、バカ波動《はどう》を出すな」と父に叱《しか》られるというようにありました。

子供時代の特殊《とくしゅ》事情を、同情的に言っていることが多いと思います。大人になるまでの人格形成に、子供時代のつらかったこと、虐待《ぎゃくたい》されたように思った厳しかったこと、非常につらい環境《かんきょう》で育ったと感じたことが影響《えいきょう》しており、それを出して、同情を引こうとしているところがかなりあると思います。

私は、小学校に上がったぐらいのときに、少しだけ見させていただいていました。

大川隆法　ああ、そうでしたね。

竜の口　はい。小さくて、いちばんにぎやかだったときだと思います。

二年ぐらいの短い時間でしたが、私は、お食事が終わって、リビングにいるときに、総裁先生が「うるさい、バカ波動を出すな」などとおっしゃっているのを聞いたことは、一度もありません。きょう子さんがガミガミと言っていたのを聞いたことはあったかもしれませんが、総裁先生がこうしたことを言ったことはありませんでした。

特に、宏洋さんは自由人で、リビングで非常に自由気ままに、いろいろなことをしていたのですが、そういったときも、総裁先生は本当に温かいまなざしで見守り、また、お子様一人ひとりの長所、強みを見ていらっしゃいました。宏洋さんのよいところを誰《だれ》よりも見ていらっしゃったと思います。

確かに、自由人である宏洋さんの子育てというのは非常に大変で、私たちも、非常に押《お》しつけがましいところもあったかと思いますが、今、少しでも宏洋さんが成長されているとしたら、それは父親が総裁先生であったからだと思います。父親が総裁先生でなかったならば、宏洋さんが、このような状態にすら到達《とうたつ》することはなかったのではないでしょうか。

それくらい強みや長所を信じ切って、期待をかけていらっしゃったお姿しか、私も見たことがありません。

咲也加さんは、その後も、リビングでのお食事の様子などを見ていらっしゃると思うのですが、ここに書かれているような、少しでも私語をすれば、それを押さえつけるような総裁先生を、私は見たことがなかったので、そこのところについてもお訊《き》きしたいと思います。

「バカ波動《はどう》」「監視《かんし》カメラ」等の真相

大川咲也加　私のほうからお答えいたします。

「私語を慎《つつし》め」ということを言われたことはありません。「総裁先生が読書をされているから、本を読んでいるときは静かにしていてね」というように言われたことはあるのですが、「もう話すな」とか、「バカ波動《はどう》が出るから出ていけ」とか、そういったことを言われたことは一切《いっさい》ございません。

あるいは、母のほうが、「このバカ波動め！」といったことを宏洋さんに言っていたことはあるかもしれません。ただ、それを教団の決定として言われたという事実はございません。

母は、ご自身が勉強ができる方であったので、勉強が苦手《にがて》な子に対して、つい、きつく当たってしまうという傾向《けいこう》があったと思いますが、宏洋さんにはそういったことによる苦しみがあるのだと思います。

しかし、それは、総裁先生から出た方針ではございません。

あと、記事では「子供部屋には監視《かんし》カメラがあった」というようにありますけれども、これは、仕事場が離《はな》れていたせいで、子供たちの状況《じょうきょう》が見られないことを悩《なや》んでいた母に対して、スタッフのほうが、ベビーモニターのようなかたちで、遠くで離れていても子供たちが見えるというシステムをつくってくださったということです。

これは、スピーカーも付いていて、テレビ電話のように、「子供たちも母と会話ができる」というスタイルのモニターでした。

ですから、一方的に監視されていたという事実はありません。私たちも、そのモニターを通して、会話したいときに母と会話ができるというシステムだったのです。「そうでもしないと、心配で仕事に集中できない」ということで、これは母の問題であり、総裁先生からの指示でされていたという事実はございません。

また、ほかの子たちと遊ばせてもらえなかったとか、修学旅行も行かせてもらえなかったとか、そういうのはすべて、母との関係において出てきた話です。

あまりにも成績が下がりすぎているのに勉強をしないので、「そんなに勉強しないんだったら、友達と遊んじゃ駄目《だめ》よ」とか、「そんなに勉強しないんだったら、修学旅行に行かせないわよ」とか、そのように言っていたことを、さも虐待されたかのように言っているというのが事実でございます。

そういった意味で、総裁先生も、おそらくご存じないお話が、あとからどんどん出てきて、今、困惑《こんわく》されている状況だと思うのですけれども、過激な、耳を疑うような発言が、もし事実であったとしても、総裁先生から出ているものは一切ございません。

多くの場合、「宏洋さんの思い違《ちが》い」というのが事実かと思われます。

「総裁に怒《おこ》られたことはほぼない」と発言していた宏洋氏

大川隆法　私自身も、リビングでご飯《はん》を食べているときに、一方的に話すということも経験がありません。ときどきは話していたでしょうけれども。団欒《だんらん》のときは、何か番組を観《み》ているか、本を読んでいるかしていたことはありますす。あるいは、会話もしていたことはありますが、怒鳴《どな》ったりしたことは一度もないのではないかと思いますが。

大川咲也加　総裁先生は、政治とか、時事問題とかについてニュースを観ながら、「こういうことなんだよ」というように、私たちに教えてくださるのですけれども、おそらく、宏洋さんには理解ができなくて、独《ひと》り言をつぶやいていると思ったのかもしれません。

それがチンプンカンプンなので、「遊びに行きたーい！」とか、「走ってきていい？」とか言うことに対して、母が、「バカを言うんじゃありません！　静かにしていなさい」と言うようなことはあったと思いますが。

総裁先生は、おそらく、教養をつけるという意味で、教えてくださっていたのですが、その会話が理解できなかっただけかと思います。

大川隆法　怒鳴った覚えは、ほとんどありません。前妻にさえ、ほとんどないぐらいです。めったにありません。

宏洋に対して、怒鳴ったことがあったでしょうか。

記事のなかで、怒鳴ったとか、怒《おこ》ったとか書いているけれども、全然そんなことはありません。怒ってもいないので、勝手にそう思っているだけでしょう。

大川咲也加　以前、対談のときに、宏洋さんは、「総裁先生から怒られたことはほぼない。一回ぐらいしかない」というように、ご自身でおっしゃっていたと思います。

大川隆法　ほぼないでしょう。

一回あるとしたら、新卒で入って、すぐ理事長にしたのですが、そのときかもしれません。四月になって、五月にはもう降りていますが、要するに、そのとき、〝めくら判〟を押していたわけです。下にいるイエスマンのほうに持ち上げられて、おだてられてやっているようだったので、「これはよくない」ということで、一回だけ言ったことはあるとは思います。

ヨイショされていることに気づかない宏洋氏を戒《いまし》めたことはある

大川隆法　それは、「自分の未来リーディングのようなものを百万円で信者に観せる」という企画《きかく》を理事会で決めたことがあったのですが、彼は、「僕《ぼく》が決めたんじゃない。理事会が決めたので、これは僕の責任じゃない」と言ったわけです。そのとき、私は、「おまえはバカか。どこにそんな人がいるんだ？　いいかげんにしろ」と一回だけ言った覚えはあります。要するに、彼が「理事会が全部決めたんだ」と言うので、私が「それは理事会がヨイショをかけているんだろうが。それが分からないのか」と言ったということです。

彼は、やはり、このあたりの理解が十分ではないところがありました。

もし、百万円で「宏洋の未来がどうなるか」ということを上映して観せていたら、今では大外れになっていますから、たいへんな恥《はじ》になっていたと思います。

それはかけるべきではなかったと思いますし、お布施《ふせ》を頂くとしても、他の御法《ごほう》話拝聴《わはいちょう》のときに頂くお布施と変わらないぐらいにしていれば問題はなかったわけです。

それは下からヨイショをかけられたと思うのですが、観ただけで百万円のお布施をするというのは、かなりきつい話です。

このあたりのことを、彼は混同しているところがあったのではないかと思います。そのように言ったことは、一度ぐらいはあります。

期待して使い、失敗した例が宏洋氏

大川隆法　ほかには、映画などでそうとうかき回されても、ほとんど叱りはしませんでしたけれども、シナリオが通らなかったことを「叱られた」というように受け取った可能性はあるかもしれません。でも、それには、理由をきちんとつけて言ったつもりではいます。

ただ、彼が根本的に理解していなかったところは、先ほどから述べているように、当会が製作している映画は、信者からのお布施も受けてやっている、信者中心に観ている映画だということです。ですから、そこの基本路線は外せないということは言いました。

もし、そこを外してやったら、「文春」が今度は、「信者からのお布施を流用してこんな〝『銀魂《ぎんたま》』〟みたいな映画をつくった！」「『銀魂3』をつくった」「『銀魂4』をつくった」などと言ってくるでしょう。

すると、次は、彼が批判を受ける側になるわけです。「自分の趣味《しゅみ》のために、そんなお金を流用している」と言われるわけですが、そうしたことは、彼の場合は、怒られてから分かることでしょう。

これが分かるかどうかは、社会人としての理性と知恵《ちえ》の問題です。

私は、両方にきちんと筋《すじ》が通るようにしてはいますし、映画製作にしても、一般《いっぱん》の人が紛《まぎ》れ込《こ》んできたとしても、損をしたとは思わせないぐらいの映画にしなければばいけないということは、最初から言っていることです。

そのように、信者のほうから見て「お布施を損した」というようなことはあってはならないと言っていたわけです。

ここのところを彼が理解できないのであれば、それは「理解できないぐらいの頭だ」としか言いようがありません。これは、「信仰心《しんこうしん》がない」というような問題ではなく、「理解ができない」という知力の問題ではないでしょうか。

なぜなら、信仰心のないマスコミの人でも、おそらく理解できるのではないかと思うからです。

「信者からお金を集めて映画をつくり、たくさんの信者に動員をかけ、それで、本当にこんな映画をかけてもいいんですか」というようなことは、映画によってはありえると思うのです。

「これは、幸福の科学ではかけられないね」という映画は、やはりあります。そういうものであれば絶対に批判を受けるはずです。

彼はそれを、「自分とは考えが違うからだ」とか、「自分は信仰心がないからだ」などと言っているけれども、そこは信仰心のないマスコミでもおかしいと思うところでしょう。

要するに、これは、信仰心の問題ではなく、常識の問題、あるいは大人としての自覚があるかどうかの問題だろうと思います。そういう公的な自覚ができていないのに、期待して、少々早く使った部分が失敗したということです。

ちなみに、「小さな」と言ったらかわいそうですけれども、大田さんのところのニュースター・プロダクションには、今、何人いるのでしょうか。

大田　今は社員は八人です。

大川隆法　この八人の会社の社長ができずに、幸福の科学本体の運営ができると思っているのなら、これは……。

私としては、八人ぐらいであれば、いつ潰《つぶ》れても、また新しくつくればいいので、経営的には心配する必要もないぐらいですけれども、教団のほうは大きいので大変なのです。

ですから、これは練習用です。どのくらいのリーダーシップがあるか、あるいは、それをどのくらい自分で磨《みが》くかの練習台として、多少、(周囲に)無理を言って社長をやらせてみたけれども、結果は、やはり、一年ぐらいで破綻《はたん》してしまったというところでしょうか。

妹から見た、兄・宏洋氏の実像

大川咲也加　さらに、加えてお伝えさせていただくと、宏洋さんの発言は、中学受験までと大学以降の話しか出ていないと思うのですが、なぜかというと、中・高時代は本当に当会と距離《きょり》を置いていたといいますか、自由気ままに過ごしていたからです。

実は、その間《かん》、総裁先生は、心臓のご病気もされて、大病をされて、リハビリもされているのですけれども、そういった場面にはまったく居合わせていないので、情報が出てこないわけです。

こういったときにも、宏洋さんは長男として、まったくいてくださりませんでした。

「病気が原因で、総裁先生の命がいつまでもつか分からない」というように、当時の母がややヒステリックになったところもあるのですけれども、そういった情報も、一切よく分からないという状況です。

ただ、総裁先生は、病状を押してでも復活され、信者のみなさんのために、日々、働かれているという状況があります。

それにもかかわらず、宏洋さんは、本当にいつも総裁先生の心労の種で、心臓に不調をきたしかねない原因にはなっています。

また、総裁先生は、いつも、彼の一挙一動を本当に心配されています。

例えば、宏洋さんが、急に「子供ができてしまった」と言って、勝手に結婚《けっこん》してしまったことがあったのですが、そのときも、総裁先生は多少ショックを受けられ、心臓に来てしまったりした事件もありました。

そのときに、総裁先生の代わりに、私のほうで「心をつなぐ信仰の力」という講話をさせていただいたこともあります。

そのように、宏洋さんが自由に勝手にやってしまったところに関して、総裁先生が心労を受けられていたという事実、また、宏洋さんの問題に波及《はきゅう》して、こちらがいろいろとしなければならなかったという事実もあります。

ですから、自分が他人《ひと》にかけてしまった迷惑《めいわく》というのをすっかり忘れてしまい、自分がしてもらえなかったことのみを伝えるという、この宏洋さんの今の状況は、やはり、仏法真理《ぶっぽうしんり》的に見ても、総裁先生に多大な迷惑をかけている存在なのに、どうしてこうなるのかというのが、妹から見た兄の実像です。

●「心をつなぐ信仰の力」　2013年8月25日講話。『心をつなぐ信仰の力』（大川咲也加著、宗教法人幸福の科学刊）参照。

宏洋氏は「内弁慶《うちべんけい》で裏表《うらおもて》のあるタイプ」

大川隆法　宏洋は、けっこう内弁慶《うちべんけい》であり、なかでは威張《いば》ったり偉《えら》そうに言ったりするけれども、外にはとても弱いタイプの人なのです。外に出ると、急に弱くなってしまうようなところがあるので、完璧《かんぺき》に内弁慶であると思います。

要するに、護《まも》られているところでは偉そうに言えるけれども、外に対しては言えないタイプであり、コロッと変わってしまうところがあったような気がします。

先ほど、彼の奥《おく》さんになった人よりも前に付き合っていた彼女の話もしましたが、さらにその前の彼女もいるのです。その人は高校時代の同級生か何かだったと思います。

その人の祖父《そふ》は産婦人科医で、弟の裕太《ゆうた》を取り上げたということでした。彼女の父親も医者だったのかもしれません。女の子二人姉妹《しまい》の家の姉のほうを好きになって付き合っていたのですが、それで、宏洋は一時期、「医学部を受験する」と言っていたことがあるのです。「医者にならなければ、結婚できないかもしれない。自分は医者になるかもしれない」などと、急に言い出しました。ただ、数学ができないので一カ月で諦《あきら》めていましたが。

その当時、宏洋は彼女の家に行って、犬の散歩を引き受けていたのです。日課のように犬を散歩させたりしていました。よそでは非常に機嫌《きげん》のいい感じで、よくお仕えするし、お婿《むこ》さんにちょうどいいように見える動きをするのです。

ところが、なかではまったく違うところがあって、裏表《うらおもて》があるような感じはありました。

大川咲也加　お付き合いしている方を家に呼んで、「どうだ、こんな大きなところに住んでいるんだぞ」という感じで見せたがったりするなど、そういったところで総裁先生を使う癖《くせ》はありました。

宏洋さんには、「自分を大きく見せる癖」や「ホラを吹《ふ》く癖」、さらに、「記憶《きおく》がすり替《か》わって、事実ではないことを事実であるかのように言う癖」というのが、昔からあります。

「文春」インタビューの意図を読む

大川隆法　このあたりを見ても、彼は非常に複雑な思考回路を持っているので、言っていることをまともに受け取れないところがあるのですが、もしかすると、「文春」インタビューの意図は、逆に私に対して、「教祖なら、結婚を強制してでも、千眼美子《せんげんよしこ》さんと〝ぶつける〟ぐらいのことはできなかったのか」ということを言っているのではないかとも思えます。

酒井　そういうことですね。

大川隆法　「そのくらいの力がなくては、〝信仰心〟が立たない」などと言っているようにも読めなくはありません。あのような思考回路を持っていることから考えれば、そういうことではないかと思います。

酒井　先ほども申しましたが、宏洋氏は以前、「政略結婚であっても結婚したい」と言っていました。おそらく、「大川総裁が強制すべきだ」と思っていたのではないでしょうか。

大川隆法　はい。ただ、私はそういうことをしなかったので、怒っているのかもしれません。

酒井　「総裁先生にそういうことをしてほしい」というのが本意だとは思います。

大川隆法　そういう独裁者であってほしいのでしょうか。そういった感じの国もありますからね。

酒井　（笑）

大川隆法　金正恩《キムジョンウン》ぐらいの独裁者であれば、そういったことはすべてできるでしょう。「結婚しなければ、銃殺《じゅうさつ》だ」などと言えば、お見合いをするしかありません（笑）。

宏洋氏にかかわった人は〝悪人〟にされるか、不幸になる

酒井　宏洋氏の特徴《とくちょう》としては、彼を持ち上げる話にはいくらでも耳を傾《かたむ》けます。ところが、「この話は間違っているぞ」と言われたら、「それはもういい。もういい」と言って話を切るようなところがあります。自分に厳しいことを言った人間とは、二度と会話をしません。

自分を持ち上げることを言う人とはコミュニケーションを取るのですが、叱ったり教育したり、そういう話をする人とは一挙に距離を取って、最後は〝悪人〟にします。

大田　そうなんですよ。

酒井　「あいつは極悪人だ」ということになります。

大川隆法　かかわった人が、みな〝悪人〟になるか、不幸になるんですよね。

酒井　そうなんです。

例えば、彼は結婚をしたときも、奥さんのある欠点が好きだと自慢《じまん》のように言っていました。

ところが、離婚するときになると、その欠点を「とんでもない」と言うのです。「いや、あなたは、『それが好きだ』と言っていたでしょう！」と言いたいのですが、こういう話がけっこうあって、コロッと変わるんですね。

要するに、好きなものから嫌《きら》いなものへと急に変わるわけです。霊的《れいてき》というか、何と言うか、人間としての判断もコロッと変わります。

いずれにしても、これは、近づかないほうがいいタイプの人間ではありますね（会場笑）。

大川隆法　（笑）まあ、そうですね。

大田　「すべて認めるか、認めないか」というオール・オア・ナッシングのところがあって、自分を好きだと言うなら、百パーセントすべて好きでないと駄目なのです。

酒井　大田さんも、途中《とちゅう》までは〝素晴《すば》らしい大田さん〟ということになっていたのです（会場笑）。

大川隆法　（笑）

酒井　二〇一七年の途中までは、〝素晴らしい大田さん〟でしたよね？　何か困ったことがあると、「大田さんに訊《き》いてみる」というような感じでした。

しかし、大田さんが何か指摘《してき》した瞬間《しゅんかん》から、〝極悪人の大田〟になりましたよね。

大田　（苦笑）そうですね。一度でも何かあると、評価が百八十度変わります。

酒井　要するに、それは、「自分に対して、上から指導したかどうか」とか、「きついことを言ったか」とかいうことでしょう。

大田　「自分のことを受け入れるならば、百パーセント受け入れてくれよ」ということですね。

酒井　そうです。「自分の考えていることは、すべて受け入れろ」と言っているわけです。

大田　「一部否定は許されない」ということです。

独裁者の素質を持った宏洋氏

酒井　この結婚の話についても、「違うでしょう?」と何回も言っているのですけれども、入らないのです。「もういい、もういい。僕は聞いたんだ」という感じなのです。

大川隆法　母親によく似ていますね。「百パーセントでなければ許さない」というところは似ています。あるいは、本当に北朝鮮《きたちょうせん》に生まれたほうがよかったかもしれません。

酒井　彼には独裁者の素質があります。

大川隆法　ああいう立場になったら、本当にやりますね。とにかく、お世話していた人がみな、どんどん離れていくので。

酒井　離れていくし、離してもいますね。彼についた宗務《しゅうむ》スタッフも、例えば、「洗濯機《せんたくき》でTシャツを洗ったら縮んだ」とか、ちょっとしたことだけで、もうクビに近かったですから。

大川隆法　それがホテルでのことならば、クレームがつくのでしょうけれども。

酒井　ただ、そもそも、洗濯するのが宗務スタッフの仕事かというところからして疑問ではあります。それに、彼は宗務でも何でもなく、手伝ってもらっているだけでしたから。

大川隆法　自分が使っているつもりでいた下の人からは、「『生産性のない人』に、なぜ仕えなければいけないのか」と言われていましたのでね。

酒井　はい。彼が深夜に女性を連れ込んだとき、「ここは宗教施設《しせつ》なので立ち入らないでください」と注意してブロックした人間のこともクビですから。彼からすると、「とんでもないやつだ」ということで。

大川隆法　それは、確かに、私よりも〝教祖性〟は高いのかもしれないね（笑）。

酒井　まあ、〝教祖性〟というか、〝金正恩性〟と……。

大川隆法　やはり、そういう場合は「銃殺」でしょうね。

酒井　全体主義者ですね。

大川隆法　もしそうだったら、全員が幽霊《ゆうれい》になって、今、誰も生きていないでしょう。

酒井　（笑）そうだと思います。

大川隆法　少々残念なところはあります。「年齢《ねんれい》」や「経験」が足りなかったところもあるかもしれません。もう少し大人になれるときもあるのですけれども、少し急ぎすぎたところはあったでしょうか。

まあ、残念ではありますね。

極《きわ》めて〝危険な手〟を打ってしまった「文春」の行く末を案じる

大川隆法　ただ、これに引っ掛かるほど、「文春」の頭が悪いとは思いませんでした。「文春」もかなり痛い目に遭《あ》っているはずなのですが。最近、新潮社のほうでは「新潮45」が休刊、事実上の廃刊《はいかん》になっていますけれども、こんなものに食いついているようでは、次は文藝春秋社《ぶんげいしゅんじゅう》も危ないかもしれません。

酒井　「文春」も極《きわ》めて〝危険な手〟を打ちました。

大川隆法　もう、経営的に危ないのではないですか？

酒井　彼は、記憶がどんどん変わりますから、「そんなことは言っていない」ということで、急に「文春」の梯子《はしご》を外す可能性もあるのです。

大川隆法　そうなんですよ。

酒井　彼についていったあらゆる人間は、梯子を外され、最後は敵になって、いたぶられるわけです。

大川隆法　いや、「文春」に雇《やと》ってもらったらいいのではないですか。記事を二、三本書かせてみたら、どんなふうになるか、よく分かるのでね。

酒井　そうですね。「文春」も、本当にこれを信じていると危ないですね。

大川隆法　彼を信じているのなら雇ってくださいよ。そうしてくだされば本当に助かります。

どのようにして霊能力《れいのうりょく》をコントロールするかを学ぶ必要がある

酒井　彼は言うことがコロッと変わりますから。数カ月から数年以内には、彼の考えは変わっているでしょう。

大川隆法　とにかく、それは霊能者《れいのうしゃ》の持っている宿命でもあるので、そのための対策を数多く教えてはいるのです。素直に聞かないと分からないため、「どのようにしてそれをコントロールするか」を教えているわけです。ただ、実際、その場にならないと分からないので、なかなか聞きません。

そのようなこともあって、この一年ほど、私はいろいろな本を出したのですが、〝読んでほしい人〟が読まず、読む必要のない人が読んでいる状態なのです。ですから、彼のための対策もそうとう打ってはいるのですけれども、本人は読んでいないだろうと思います。

それにしても、明日《あした》は映画（「僕の彼女は魔法使《まほうつか》い」）の公開日なのに、千眼さん、本当にすみません。舞台挨拶《ぶたいあいさつ》でも本当に腹が立つことでしょう。つい、怒鳴りたくなったりもすることもあるかもしれませんが、どうか、気を確かに持って、機嫌よくやってください。

ただ、今後も、こういう人がたくさん出てくるでしょうし、これまでにも、教団の初期のころから、弟子《でし》のなかからこういう人は何人も出てきてはいます。そういった意味では、ある程度、しかたがないことなのかもしれません。大きくなる過程では、切磋琢磨《せっさたくま》もあるし、内部の悪いものが出てくることもあるので、過去には、立場を入れ替えると暴《あば》れる人もたくさんいました。

酒井　そうですね。

大川隆法　まだ、それだけ心が練れていないということでもあるので、致《いた》し方ありません。

私としては、「仕事の厳しさ」を教えるのはこれからというところであったのですが、そこに入るところまで行かないあたりだったでしょうか。

司会　本日は、数々の質問にお答えくださり、本当にありがとうございました。以上とさせていただきます。

『直撃インタビュー 大川隆法総裁、宏洋問題に答える』関連書籍

『永遠の法』（大川隆法 著　幸福の科学出版刊）
『Love for the Future』（同右）
『女優・清水富美加の可能性』（同右）
『不信仰の家族にはどう対処すべきか』（同右）
『天照大神の「信仰継承」霊言』（同右）
『青春への扉を開けよ　三木孝浩監督の青春魔術に迫る』（同右）
『映画監督の成功術　大友啓史監督のクリエイティブの秘密に迫る』（同右）
『娘から見た大川隆法』（大川咲也加 著　同右）

※左記は書店では取り扱っておりません。最寄りの精舎・支部・拠点までお問い合わせください。
『若き日のエル・カンターレ』（大川隆法 著　宗教法人幸福の科学刊）

『心をつなぐ信仰の力』（大川咲也加 著　同右）

直撃《ちょくげき》インタビュー
大川隆法総裁《おおかわりゅうほうそうさい》、宏洋問題《ひろしもんだい》に答《こた》える

2019年 7 月30日　初版第 1 刷

編　者　　幸福の科学総合本部

発行所　　幸福の科学出版株式会社

〒107-0052 東京都港区赤坂 2 丁目 10 番 14 号
TEL(03)5573-7700
https://www.irhpress.co.jp/

印刷・製本　株式会社 研文社

落丁・乱丁本はおとりかえいたします

ISBN978-4-8233-0099-8 C0014

大川隆法ベストセラーズ・不信仰の誤りを正す

不信仰の家族にはどう対処すべきか

現代のダイバダッタ問題

いつの時代にも起きる信仰と身内の問題は、どう見るべきなのか。"嘘"の誹謗中傷、教団批判による炎上商法、その真相を明かした守護霊インタビュー。

1,400円

実戦・悪魔の論理との戦い方

エクソシズム訓練

信仰を護り抜くために、悪魔にどう立ち向かえばよいのか。嫉妬、不信感、嘘、欲望──、悪魔との直接対決から見えてきた、その手口と対処法とは。

1,400円

信仰者の責任について

幸福の科学総合本部 編

数々の虚言と誹謗中傷で純粋な信仰を踏みにじる「偽りの信仰者」。その言動を側で見てきた者たちの証言と質問から、その過ちと矛盾を明らかにする。

1,400円

「週刊文春」とベルゼベフの熱すぎる関係

悪魔の尻尾の見分け方

島田真「週刊文春」編集長（当時）の守護霊インタビュー！ 週刊誌ジャーナリズムの実態と救世運動つぶしをたくらむ悪魔の関係とは。

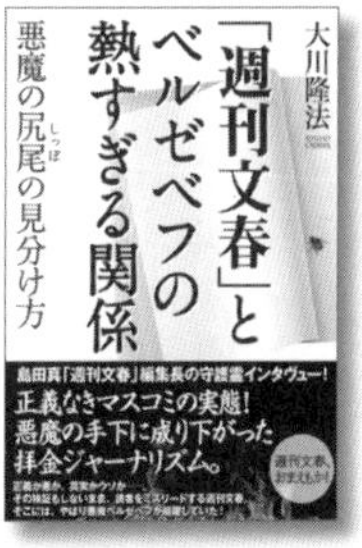

1,400円

大川隆法ベストセラーズ・悪霊・悪魔から身を護るために

真のエクソシスト

身体が重い、抑うつ、悪夢、金縛り、幻聴——。それは悪霊による「憑依」かもしれない。フィクションを超えた最先端のエクソシスト論、ついに公開。

1,600 円

悪魔からの防衛術

「リアル・エクソシズム」入門

現代の「心理学」や「法律学」の奥にある、霊的な「正義」と「悪」の諸相が明らかに。“目に見えない脅威”から、あなたの人生を護る降魔入門。

1,600 円

エクソシスト概論

あなたを守る、「悪魔祓い」の基本知識Q＆A

悪霊・悪魔は実在する——。憑依現象による不幸や災い、統合失調症や多重人格の霊的背景など、六大神通力を持つ宗教家が明かす「悪魔祓い」の真実。

1,500 円

あなたの知らない地獄の話。

天国に還るために今からできること

無頼漢、土中、擂鉢《すりばち》、畜生、焦熱、阿修羅、色情、餓鬼、悪魔界——、現代社会に合わせて変化している地獄の最新事情とその脱出法を解説した必読の一書。

1,500 円

※表示価格は本体価格（税別）です。

大川隆法ベストセラーズ・仕事、家庭、人間関係の悩み

凡事徹底と独身生活・結婚生活

仕事力を高める「ライフスタイル」の選択

大反響の「凡事徹底」シリーズ第4弾。お金、時間、人間関係——。独身でも結婚でも、どちらの生き方でも成功するための知的ライフスタイルとは。

1,500円

パパの男学入門

責任感が男をつくる

「成功する男」と「失敗する男」の差とは何か？ 著名人たちの失敗例などを教訓にして、厳しい実社会を生き抜くための「男の発展段階」を示す。

1,500円

大人になるということ

心の成長とリーダーの器

年齢だけではなく精神的にも「大人になる」ための条件とは。金銭感覚、異性関係、責任感、言葉など、「心の幼さ」を取り去り、徳ある人へ成長するヒントが満載。

1,500円

人に嫌われる法則

自分ではわからない心のクセ

自分勝手、自慢話、他人や環境のせい……、人に嫌われる「原因」と「対処法」を解説。心のクセを客観視して、愛される自分に変わるためのヒントが満載。

1,500円

幸福の科学出版

大川隆法シリーズ・**最新刊**

竹村健一の霊言 大逆転の時代 次の30年を語る

死後4日、人気評論家の竹村健一氏が世相を斬る！ 中国バブルの崩壊や中東問題、トランプの本質、メディアの未来などを解説し、常識の大逆転を大胆予測。

1,400円

小泉進次郎守護霊の霊言 ぶっ壊したいけど壊せない 自民党の体質

「自民党には言論の自由がない」──。未来の総理候補の守護霊が、国民に説明なしの年金・外交・国防政策など、安倍政権の独裁・隠蔽体質を鋭く斬る！

1,400円

リーダー国家 日本の針路

緊迫する中東情勢をどう見るか。世界教師が示す、日本の針路と世界正義。イランのハメネイ師とイスラエルのネタニヤフ首相の守護霊霊言を同時収録。

1,500円

日本の使命

「正義」を世界に発信できる国家へ

哲学なき安倍外交の限界と、東洋の盟主・日本の使命を語る。香港民主活動家アグネス・チョウ、イランのハメネイ師＆ロウハニ大統領 守護霊霊言を同時収録。

1,500円

※表示価格は本体価格（税別）です。

―真実は、絶対に死なない。
世界から希望が消えたなら。
製作総指揮・原案 大川隆法
竹内久顕 千眼美子 さとう珠緒 芦川よしみ 石橋保 木下渓 小倉一郎 大浦龍宇一 河相我聞 田村亮
監督／赤羽博 音楽／水澤有一 脚本／大川咲也加 製作／幸福の科学出版 製作協力／ARI Production ニュースター・プロダクション
制作プロダクション／ジャンゴフィルム 配給／日活 配給協力／東京テアトル ©2019 IRH Press
sekai-kibou.jp
10.18
ROADSHOW

幸福の科学グループのご案内

宗教、教育、政治、出版などの活動を通じて、地球的ユートピアの実現を目指しています。

幸福の科学

一九八六年に立宗。信仰の対象は、地球系霊団の最高大霊、主エル・カンターレ。世界百カ国以上の国々に信者を持ち、全人類救済という尊い使命のもと、信者は、「愛」と「悟り」と「ユートピア建設」の教えの実践、伝道に励んでいます。

（二〇一九年七月現在）

愛

幸福の科学の「愛」とは、与える愛です。これは、仏教の慈悲《じひ》や布施《ふせ》の精神と同じことです。信者は、仏法真理をお伝えすることを通して、多くの方に幸福な人生を送っていただくための活動に励んでいます。

悟り

「悟り」とは、自らが仏の子であることを知るということです。教学《きょうがく》や精神統一によって心を磨き、智慧《ちえ》を得て悩みを解決すると共に、天使・菩薩《ぼさつ》の境地を目指し、より多くの人を救える力を身につけていきます。

ユートピア建設

私たち人間は、地上に理想世界を建設するという尊い使命を持って生まれてきています。社会の悪を押しとどめ、善を推し進めるために、信者はさまざまな活動に積極的に参加しています。

国内外の世界で貧困や災害、心の病で苦しんでいる人々に対しては、現地メンバーや支援団体と連携して、物心両面にわたり、あらゆる手段で手を差し伸べています。

年間約２万人の自殺者を減らすため、全国各地で街頭キャンペーンを展開しています。

公式サイト **www.withyou-hs.net**

ヘレン・ケラーを理想として活動する、ハンディキャップを持つ方とボランティアの会です。視聴覚障害者、肢体不自由な方々に仏法真理を学んでいただくための、さまざまなサポートをしています。

公式サイト **www.helen-hs.net**

入会のご案内

幸福の科学では、大川隆法総裁が説く仏法真理《ぶっぽうしんり》をもとに、「どうすれば幸福になれるのか、また、他の人を幸福にできるのか」を学び、実践しています。

入会

仏法真理を学んでみたい方へ

大川隆法総裁の教えを信じ、学ぼうとする方なら、どなたでも入会できます。入会された方には、『入会版「正心法語《しょうしんほうご》」』が授与されます。

ネット入会 入会ご希望の方はネットからも入会できます。
happy-science.jp/joinus

三帰《さんき》誓願《せいがん》

信仰をさらに深めたい方へ

仏弟子としてさらに信仰を深めたい方は、仏《ぶっ》・法《ぽう》・僧《そう》の三宝《さんぽう》への帰依を誓う「三帰誓願式」を受けることができます。三帰誓願者には、『仏説・正心法語』『祈願文《きがんもん》①』『祈願文②』『エル・カンターレへの祈り』が授与されます。

幸福の科学 サービスセンター
TEL 03-5793-1727
（受付時間／火～金：10～20時 土・日祝：10～18時（月曜を除く））

幸福の科学 公式サイト
happy-science.jp

ハッピー・サイエンス・ユニバーシティ

Happy Science University

ハッピー・サイエンス・ユニバーシティとは

ハッピー・サイエンス・ユニバーシティ（HSU）は、大川隆法総裁が設立された「現代の松下村塾」であり、「日本発の本格私学」です。
建学の精神として「幸福の探究と新文明の創造」を掲げ、チャレンジ精神にあふれ、新時代を切り拓く人材の輩出を目指します。

人間幸福学部　経営成功学部　未来産業学部

HSU長生キャンパス　TEL **0475-32-7770**
〒299-4325　千葉県長生郡長生村一松丙 4427-1

未来創造学部

HSU未来創造・東京キャンパス
TEL **03-3699-7707**
〒136-0076　東京都江東区南砂2-6-5

公式サイト **happy-science.university**

学校法人 幸福の科学学園

学校法人　幸福の科学学園は、幸福の科学の教育理念のもとにつくられた教育機関です。人間にとって最も大切な宗教教育の導入を通じて精神性を高めながら、ユートピア建設に貢献する人材輩出を目指しています。

幸福の科学学園

中学校・高等学校（那須本校）
2010年4月開校・栃木県那須郡（男女共学・全寮制）
TEL **0287-75-7777**　公式サイト **happy-science.ac.jp**

関西中学校・高等学校（関西校）
2013年4月開校・滋賀県大津市（男女共学・寮及び通学）
TEL **077-573-7774**　公式サイト **kansai.happy-science.ac.jp**

仏法真理塾「サクセスNo.1」

全国に本校・拠点・支部校を展開する、幸福の科学による信仰教育の機関です。小学生・中学生・高校生を対象に、信仰教育・徳育にウエイトを置きつつ、将来、社会人として活躍するための学力養成にも力を注いでいます。

TEL 03-5750-0747（東京本校）

エンゼルプランV TEL 03-5750-0757

幼少時からの心の教育を大切にして、信仰をベースにした幼児教育を行っています。

不登校児支援スクール「ネバー・マインド」 TEL 03-5750-1741

心の面からのアプローチを重視して、不登校の子供たちを支援しています。

ユー・アー・エンゼル!（あなたは天使!）運動

一般社団法人 ユー・アー・エンゼル TEL 03-6426-7797

障害児の不安や悩みに取り組み、ご両親を励まし、勇気づける、障害児支援のボランティア運動を展開しています。

NPO活動支援

いじめから子供を守ろうネットワーク

学校からのいじめ追放を目指し、さまざまな社会提言をしています。また、各地でのシンポジウムや学校への啓発ポスター掲示等に取り組む一般財団法人「いじめから子供を守ろうネットワーク」を支援しています。

公式サイト mamoro.org ブログ blog.mamoro.org

相談窓口 TEL.03-5544-8989

百歳まで生きる会

「百歳まで生きる会」は、生涯現役人生を掲げ、友達づくり、生きがいづくりをめざしている幸福の科学のシニア信者の集まりです。

シニア・プラン21

生涯反省で人生を再生・新生し、希望に満ちた生涯現役人生を生きる仏法真理道場です。定期的に開催される研修には、年齢を問わず、多くの方が参加しています。全世界200カ所（国内187カ所、海外13カ所）で開校中。

【東京校】TEL 03-6384-0778 FAX 03-6384-0779

メール senior-plan@kofuku-no-kagaku.or.jp

幸福実現党

内憂外患《ないゆうがいかん》の国難に立ち向かうべく、2009年5月に幸福実現党を立党しました。創立者である大川隆法党総裁の精神的指導のもと、宗教だけでは解決できない問題に取り組み、幸福を具体化するための力になっています。

幸福実現党 釈量子サイト **shaku-ryoko.net**
Twitter **釈量子@shakuryokoで検索**

党の機関紙
「幸福実現NEWS」

幸福実現党 党員募集中

あなたも幸福を実現する政治に参画しませんか。

- ○幸福実現党の理念と綱領、政策に賛同する18歳以上の方なら、どなたでも参加いただけます。
- ○党費:正党員(年額5千円[学生 年額2千円])、特別党員(年額10万円以上)、家族党員(年額2千円)
- ○党員資格は党費を入金された日から1年間です。
- ○正党員、特別党員の皆様には機関紙「幸福実現NEWS(党員版)」(不定期発行)が送付されます。

＊申込書は、下記、幸福実現党公式サイトでダウンロードできます。
住所:〒107-0052 東京都港区赤坂2-10-8 6階 幸福実現党本部
TEL **03-6441-0754** FAX **03-6441-0764**
公式サイト **hr-party.jp**

幸福の科学出版

大川隆法総裁の仏法真理の書を中心に、ビジネス、自己啓発、小説など、さまざまなジャンルの書籍・雑誌を出版しています。他にも、映画事業、文学・学術発展のための振興事業、テレビ・ラジオ番組の提供など、幸福の科学文化を広げる事業を行っています。

アー・ユー・ハッピー？
are-you-happy.com

ザ・リバティ
the-liberty.com

幸福の科学出版
TEL **03-5573-7700**
公式サイト **irhpress.co.jp**

THE FACT

ザ・ファクト
マスコミが報道しない「事実」を世界に伝えるネット・オピニオン番組

ザ・ファクト　検索

NEW STAR PRODUCTION

ニュースター・プロダクション

「新時代の美」を創造する芸能プロダクションです。多くの方々に良き感化を与えられるような魅力あふれるタレントを世に送り出すべく、日々、活動しています。 公式サイト **newstarpro.co.jp**

ARI Production

ARI《アリ》 Production《プロダクション》

タレント一人ひとりの個性や魅力を引き出し、「新時代を創造するエンターテインメント」をコンセプトに、世の中に精神的価値のある作品を提供していく芸能プロダクションです。 公式サイト **aripro.co.jp**

大川隆法　講演会のご案内

大川隆法総裁の講演会が全国各地で開催されています。講演のなかでは、毎回、「世界教師」としての立場から、幸福な人生を生きるための心の教えをはじめ、世界各地で起きている宗教対立、紛争、国際政治や経済といった時事問題に対する指針など、日本と世界がさらなる繁栄の未来を実現するための道筋が示されています。

2019年5月14日 幕張メッセ「自由・民主・信仰の世界」

2019年3月3日 グランド ハイアット 台北（台湾）「愛は憎しみを超えて」

2019年7月5日 福岡国際センター「人生に自信を持て」

2018年10月7日 ザ・リッツカールトン ベルリン（ドイツ）「Love for the Future」

2019年7月13日 ホテル イースト21東京「幸福への論点」

講演会には、どなたでもご参加いただけます。
最新の講演会の開催情報はこちらへ。⟹ 大川隆法総裁公式サイト https://ryuho-okawa.org